KB190129

쉽게 풀어 쓴
초발심자경문

쉽게 풀어 쓴

초발심자경문

양관 지음

담앤북스

시작하는 글

다시 『초발심자경문』을 꺼내들었다. 통도사승가대학 강사 시절 초발심 강의를 할 때가 그리워진다. 행자실을 들고 나던 많은 행자들도 새삼 생각난다. 의무적으로 하는 강의에 신경 쓸 겨를이 없는 시간들이었다. 바쁜 와중에서도 공부하고 또 소임에 충실했던 행자들은 무사히 사미계를 받고 마치 연어처럼 강원으로 돌아왔다. 하지만 피곤에 지쳐 공부는 뒷전이었던 몇몇 행자는 다시 세속으로 돌아가던 일도 생각난다. 세속으로 돌아갈 차비가 없어 난처해하던 예비 스님들의 모습도 꺼내 든 책 속에서 고스란히 살아난다.

코로나바이러스감염증이 세상을 다 삼켜 버린 것 같다. 아침이나 저녁, 고요히 앉아 성현의 말씀을 한두 줄이라도 읽고 음미할 수 있다면 우리 삶은 그렇게 나쁘지는 않을 것이다. 어려운 시대지만 우리를 붙들어 주고 발심하여 수행해 나가는 가르침을 읽고 조금이라도 용기를 낼 수 있으면 하는 바람으로『초발심자경문』을 만나려 한다.

『초발심자경문』을 같이 보고 고민하는 시간을 가지면서 일상 속에서 함께 위안 삼을 수 있는 그런 하나의 작은 일이라도 되었으면 한다. 『초발심자경문』이 한 권의 책으로 묶여 우리들에게 공부 책으로 내려온 것은 조선 초부터다. 〈계초심학인문誡初心學人文〉, 〈발심수행장發心修行章〉, 〈자경문自警文〉 세 편의 글을 한 권의 책으로 엮었다.

〈계초심학인문〉은 고려 보조국사 지눌 스님이 쓴 것으로 중국에서 전해 오던 여러 청규의 정신을 바탕으로 우리나라 사정에 맞게 갓 출가한 초심자들이 마음가짐과 일상의 몸가짐 등을 어떻게 해야 하는지 상세히 밝힌 글이다. <발심수행장>은 신라 원효 스님이 발심에 대하여 본인의 수행 체험을 기반으로 쓴 것이고 <자경문>은 고려 말 야운 스님이 지은 것으로, 수행하는 사람이 스스로 경계해야 할 내용을 강조한 글이다.

『초발심자경문』은 불교에 입문한 행자들을 위한 지침서로 사용되었으며 스님들이 평생 곁에 두고 읽고 곱씹어 보는 책이다. 또한 재가불자들도 읽으면서 되새겨 봐야 할 만큼 불자들이 갖춰야 할 기본적인 몸과 마음의 자세를 강조하고 있다.

강원에 있을 때였다. 한 도반 스님은 학년이 올라감에도 계속해서 『초발심자경문』만 경상에 놓고 간경하였다. 왜 그러냐고 물으면, 그 스님은 "나는 이 정도면 된다."는 말로 간단하게 답했다.

강원에 몸담고 학인들과 어울리면서 보내던 때, 교과목 개편 등 여러 변화가 많을 때였다. 다양한 교과목들을 공부해야 하는 학제 개편을 보면서 몇몇 강사 스님들과 이야기했던 내용도 『초발심자경문』이었다. 교과목 다양화도 좋지만 『초발심자경문』을 끊임없이 반복 학습하면 더 훌륭한 수행자로 거듭날 수 있지 않을까 하고 말이다.

다시 이 책을 가까이 두고 읽게 된 인연에 감사할 뿐이다. 〈계초심학인문〉과 〈발심수행장〉 그리고 〈자경문〉 이렇게 세 편의 글이 엮여져 있는 이 책은 순서대로 읽어 온 것이 사실이다. 그러나 이번에는 〈발심수행장〉부터 읽어 나가려고 한다. 경계하는 것보다는 발심이 먼저여야 한다는 생각에서다.

2022년 4월

양관良寬

목차

시작하는 글 — 4

발심수행장發心修行章

'발심'은 깨달음을 얻기 위한 첫 항해 — 14

욕망을 비우는 것 — 18

아이고, 중생아! — 22

삼독의 큰 불꽃 — 26

악도에 떨어지지 않는 길 — 32

재가자의 선행 — 36

난행은 고행 — 40

수행자가 가져야 할 마음가짐 — 44

무상의 이치 — 48

배고픔, 추위 걱정은 없지 않은가 — 52

게으르지 말고 정진하라 — 56

진정한 출가의 의미 — 60

좋은 수행처의 조건 — 64

불교의 기초는 지계 —— 68

부지런함과 지혜는 새의 양 날개 —— 72

행과 지혜, 자리와 이타 —— 76

왜 탁발이 부끄러웠을까? —— 80

복을 생산하는 밭 —— 84

공양의 자격 —— 88

무상의 진리 —— 92

육체는 새벽이슬과 같아서 —— 96

소욕지족少欲知足의 삶 —— 100

모든 악을 짓지 말고
모든 선을 받들어 행하자[諸惡莫作 衆善奉行] —— 104

날마다 좋은 날[日日是好日] —— 108

무상을 자각하고 수행하라 —— 114

나쁜 친구 멀리하고 착한 사람 가까이하라 ─ 120

하심과 공경만이 적광전을 장엄한다 ─ 124

대중생활의 중요한 원칙 ─ 130

독사보다 심한 '화' ─ 134

만족할 줄 아는 것이 큰 부자 ─ 140

예불의 중요성 ─ 146

논쟁하여 승부 가리기를 삼가라 ─ 152

지금이 무애행 할 때인가 ─ 156

법문을 듣는 이의 자세는 ─ 160

"왜?" ─ 166

완전한 깨달음 ─ 170

계戒·정定·혜慧, 삼학의 완성 ─ 174

자경문 自警文

허물을 보고 반성해 나아갈 때 —— 182

말세라고 근심만 할 것인가? —— 186

모든 것을 다 하고 살 수는 없다 —— 191

출가 전후 몸무게는 어떤가? —— 196

스스로 경계하라 —— 200

입은 화의 문 —— 204

좋은 벗을 만난다는 것 —— 208

독사 같은 잠 —— 214

하심과 겸손 —— 218

재물·색의 화는 독사보다 심하다 —— 222

도철 饕餮 —— 226

타인의 허물을 말하지 말라 —— 230

평등한 마음 —— 236

사람 몸 받기 어렵고 부처님 법 만나기 어렵다 —— 240

우리의 본분은 수행 —— 244

발심수행장
發心修行章

'발심'은 깨달음을 얻기 위한 첫 항해

　예불이 끝나고 새벽이 밝아오기 전의 진한 어둠이 고요한 산사를 가득 덮고 있다. 그러나 새벽의 밝은 해가 저 동쪽에서부터 떠오를 것이라는 사실을 알기에 이 진한 어둠을 견딜 수 있지 않은가 하는 생각이 든다.

　그와 같이 우리에게 밝음과 희망을 선사했던 원효 스님의 〈발심수행장〉은 짧은 내용 속에 많은 것을 포함하고 있다고 생각한다.

　발심에 관한 이야기는 불교를 접하다 보면 참 많이 듣는다. 그러나 대부분은 '초발심시변성정각初發心時便成正覺'이니 하는 말들을 듣고 외우면서 정작 '발심'이란 무엇일까에 대해 스스로에게 질문을 잘 던지지 않는다. 수행도 마찬가지다. 어떤 스님이나 책에서 가르쳐 준대로 열심히 하는 것, 이것을 수행으로만 알고 열심히 하고 있다.

　나 역시도 출가하여 이렇게 살고 있지만 발심이란 무엇인가에 대한 질문을 던지는 데 인색한 것이 사실이다. 주지를 사는 요즘은 그냥 빠짐없이 예불을 착실히 드리는 것이 수행이 아닌가 하고 내가 편한 대로 생각해 버리기도 한다.

발심에 대한 사전적인 의미는 첫째, 불도佛道를 깨닫고 중생을 제도하려는 마음을 일으킴이고 둘째, 불도를 얻고자 하는 마음을 일으키는 것으로 되어 있다. 첫 번째는 차치하더라도 깨달음을, 불도를 얻고자 하는 마음을 일으키는 것이다. 경전에도 발심에 관한 이야기는 끊임없이 등장해 우리가 수행으로 나아가게 독려하고 있는 것을 볼 수 있다. 깨달음이라는 큰 결과를 얻기 위한 우리의 첫 항해를 말한다.

『금강경金剛經』에서는 수보리가 "어떻게 머물러야 하고 어떻게 수행해야 하며, 어떻게 그 마음을 항복 받아야 합니까?" 하고 묻고 있다.

즉 주住, 수修, 항복降伏을 묻고 있는 것이다. 그러나 가만히 들여다보면 그전에 '발아뇩다라삼먁삼보리심發阿耨多羅三藐三菩提心'이라는 말이 앞에 등장함으로써 발심이 먼저인 것을 알 수 있다. 발심이 먼저인 것이다. 큰마음을 먼저 발發해야만 수행을 통해 마음이 머무르고 항복 받을 수 있다는 것을 경문에서 분명히 말하고 있다.

『화엄경華嚴經』에도 발심에 대해 중요하게 말하고 있는 것을 볼 수 있다. 선재동자가 매번 선우善友를 만나 "나는 이미 먼저 아뇩다라삼먁삼보리심을 발했으나 어떻게 보살행을 배우고 보살도를 닦는지를 알지 못하겠습니다."라고 묻는다.

성본 스님의 『벽암록』에 연등회요에 전하는 마곡보철 스님의 이야기에서 발심의 중요성을 엿볼 수 있다. 마곡보철寶徹 스님이 부채를 사용하자 어떤 스님이 "바람의 성품[風性]은 항상 움직이며 모든 곳에 두루 있는데 부채를 굳이 사용할 필요가 있습니까?"라고 묻자, "그대는 바람의 성품이 두루 있다는 사실은 알고 있지, 바람 그 자체를 모르는구나."라고 했다. 그러자 "바람이 무엇입니까?"라고 다시 한 질문에 마곡 스님은 잠자코 부채를 부쳤다고 한다.

바람이 모든 곳에 두루 하지만, 부채질을 하지 않으면 바람은 일어나지 않는 것처럼, 일체중생이 불성佛性을 구족하고 있지만 원력을 세우고 발심 수행해야 보리 열반의 경지를 체득할 수 있다는 것이다.

우리도 더위를 식히려 부채질하듯 열심히 우리 성품에 두루 한 선한 마음을 일으켜 나가야 하리라 본다.

욕망을 비우는 것

모든 부처님과 부처님이 적멸궁을 장엄함은

오랜 세월에 욕심을 버리고 고행을 한 까닭이요,

夫諸佛諸佛　莊嚴寂滅宮
부 제 불 제 불　장 엄 적 멸 궁

於多劫海　捨欲苦行
어 다 겁 해　사 욕 고 행

부처님 성도절, '부처님이 깨달으신 날'이 다가오면 기쁨으로 환희해야 마땅하나 그러지 못하고 항상 마음이 편치 않은 것이 사실이다. 부처님이 출가한 나이에 산문山門에 들어 부처님이 고행 끝에 깨달음을 얻은 그 나이를 훨씬 지나 버린 지금 나의 모습을 생각하면 슬프기까지 하다.

부처님의 그 위대한 깨달음까지 간다는 생각은 해 보지도 못했지만, 치열하게 정진하셨던 부처님의 모습을 본받아 따라가려고 노력했던 시간이 눈곱만큼이라도 있었던가 생각하면 부끄럽기 그지없다.

부처님이 되는 조건을 욕망을 버리고 고행한 공덕이라고 하고 있다. 욕망의 강에 몸을 아예 깊숙이 담그고 살아가는 우리들에게 고행이라는 그다음 조건을 실천하기 전이라도 욕망을 비우라고 한다. 『화엄경』에서도 "한 생각 번뇌 망념이 일어나지 않으면 그대로 부처"라고 설하는데, 스스로에게 욕망을 비우고 일어나지 않게 하려는 노력을 얼마나 하고 있는지 묻지 않을 수 없다. 많은 사람들이 욕망이 일어나지 않게 하려는 수행을 떠나, 욕망을 구체화시키는 쪽으로 하루하루의 삶을 살고 있지는 않은가 하는 생각을 한다.

이러한 일상 속에서 우리는 다겁 해의 수행 이야기가 나오면 물러나 버리기 십상이다. 겁劫이라는 숫자만 해도 헤아리기 어려운데, 앞에 많을 다多 자가 붙어 그 겁을 또 헤아리기 어렵게 한다. 이는 그만큼 오랜 시간 수행하는 것을 말하고 있는 것이다.

경전에서도 일반적으로 "삼 아승지를 닦아서 성불한다."고 하지 않았는가? 우리는 이런 헤아릴 수 없는 시간을 들으면 쉽게 포기해 버리고 만다. 새해가 시작되고 세웠던 계획도 작심삼일作心三日이 되는 것이 보통의 일인데 우리가 어찌 다겁을 수행할 수 있겠는가?

이런 숫자적인 어려움 때문이라도 우리는 쉽게 첫발을 떼어놓지 못하는 건지도 모른다. 아니면 삼 일 정도 하다가 포기해 버리는 건지도 모른다. 그렇다고 발심한 사람으로서 항상 포기만 하고 노력하지 않을 수 없는 것이다.

너무 큰 겁을 이야기하기 전에 한 해, 하루하루 만이라도 큰 욕망을 비우는 일을 떠나 작은 욕망이라도 하나씩 일어나지 않도록 노력해 나간다면 우리들에게도 조금의 진전은 있을 것이다. 적멸궁을 장엄하는 큰 공덕은 없더라도 원효 스님의 〈발심수행장〉에서 말하는 의미는 조금이라도 새긴 사람이라고 할 수 있지 않을까 하는 생각이다.

운문문언雲門文偃 화상이 『벽암록』 제6칙에서 '날마다 좋은 날[日日是好日]'이 되도록 해야 한다고 법문을 하고 있는 것처럼, 날마다 조금씩이라도 하는 선행, 수행이 쌓이면 우리도 언젠가 겁이 쌓이고 쌓여 적멸궁을 장엄할 수 있지 않을까 하는 희망을 가져 본다. 생을 거듭하더라도 말이다.

아이고, 중생아!

중생마다 불난 집의 세계를 윤회하는 것은
무량한 세상에 탐욕을 버리지 못했기 때문이니라.

衆生衆生　輪廻火宅門
중생중생　윤회화택문

於無量世　貪慾不捨
어무량세　탐욕불사

머리를 깎고 절집에 들어온 지 얼마 안 되었을 때는 뭐든지 서툴렀다. 지금도 마찬가지긴 하지만 그때마다 인도 부다가야에서 조계종 사찰을 건립하고 있는 사형은 "아이고, 중생아!" 하고 내게 말하곤 했다. 그래서 내게 중생이라는 단어는 어딘지 서툰 것이라는 생각을 줄곧 해 왔다.

숱하게 많은 생사를 거쳤기에 중생이라 하고, 또 수많은 인연이 임시로 화합하여 생한 것이 중생이라고 사전에서는 말한다. 임시로 화합했으니, 또한 완벽하지 않으니 계속 다시 만들어지는 것이 아닌가 하는 생각도 든다.

앞의 구절인 제불제불諸佛諸佛과 대비되는 구절이다. 『화엄경』에서는 "마음과 부처와 중생, 이 셋은 차별이 없다."고 설하지만 우리네 삶에 나타나는 모습은 확연히 다르다. 중생과 부처는 하늘과 땅 차이라고 보는 것이 어찌 보면 나같이 짧은 소견을 가진 사람에게는 이해하기 쉬운 부분이다.

원효 스님은 중생과 부처를 욕망으로 구분하였다. 욕망을 버리고 고행하는 것과 욕망을 버리지 못한 것, 이것으로 중생과 부처를 구분하고 있는 것이다.

화택문火宅門을 윤회한다고 하는데 이는 『법화경』 「비유품」에 나오는 말이다. 우리들이 사는 세상을 불타는 집에 비유하고 있는 것이다. 간략히 보면 이렇다. 큰 저택에 불이 활활 타오르는데 철없는 아이들은 그곳에서 불장난을 하며 뛰어논다. 건물은 불에 타 쓰러지고, 온갖 험한 짐승들이 날뛰며, 독한 벌레들이 들끓고 있는 곳에서 부처님께서 이들을 구해 내는 이야기이다.

화택은 우리가 사는 이 세계의 험악하고 추악하고 모진, 또한 언제 무너질지 모를 무상을 보여 준다. 우리가 이러한 세계를 윤회하고 있다는 말이다. 탐욕을 버리지 못하면 이런 세계를 윤회하는 것이다. 천상, 인간, 아수라, 축생, 아귀, 지옥의 육도를 윤회하지만 이 모든 세계가 화택이다. 얼핏 보기에 화택이 아니라 '스위트 홈' 같은 천상과 인간의 세계도 아무것도 보장할 수 없는 세계라는 것이다.

윤회를 하루빨리 벗어날 것을 강조하고 있는 말이기도 하다. 그 이전에 전제 조건으로 욕망을 버려야 하는데 우리는 잘 되지 않는다. 누구나 욕망의 구체화를 위해 싸우고 있을 뿐이다. 그러나 방법이 없는 것은 아니다. 무량세無量世 동안 조금이라도 줄여 나간다면 우리도 적멸궁을 장엄하는 대열에 합류할 수 있을 것이다.

강원 졸업을 앞두고 도반들과 함께 졸업여행을 간 적이 있다. 명나라 시대 어떤 스님이 산 전체에 굴을 파고 불상을 조각한 대족석각大足石刻을 참배하게 되었다. 들어가는 입구에 거대한 천왕의 석상이 있었는데, 천왕이 상체 전체를 덮는 둥 그런 방패 같은 것을 입에 물고 석각 전체를 지키고 있었다.

가이드의 설명을 들으며 자세히 보니 '육도윤회도'였다. 둥근 테두리 안에 육도를 윤회하는 모습이 그려져 있고 그 한가운데 앉아 있는 수행자의 가슴으로 모든 세계가 선으로 연결되어 있었다. 우리가 육도윤회를 말하지만 모두 수행자의 마음속에서 윤회를 하고 있는 모습의 석상이었다.

하루를 시작하며 만나게 되는 여러 경계 속에서 우리는 다양한 세계를 윤회하며 살지 않는가 하는 생각을 한 적이 있다. 살면서 욕망을 조금이라도 줄인다면 윤회하는 중생의 시간은 줄어들고 적멸궁을 먼발치에서라도 보는 시간은 늘어날 것이다. 실제의 육도와 마음속의 육도, 둘을 윤회하는 것에서 벗어날 수 있는 길은 욕망을 버리는 길밖에 없다.

삼독의 큰 불꽃

막지 않는 천당에 가서 이르는 사람이 적은 것은

삼독[貪瞋癡] 번뇌로 자신의 재물을 삼았기 때문이요,

無防天堂　少往至者
무 방 천 당　소 왕 지 자

三毒煩惱　爲自家財
삼 독 번 뇌　위 자 가 재

'나는 어떤 것으로 재물을 삼고 있는가, 나는 어떤 것을 가치 기준으로 삼고 있는가?'라는 물음에 주저 없이 답할 수 있는 사람은 몇이나 될까. 우리는 사상이나 종교 그 밖의 여러 기준을 세우며 자기의 가치를 추구하기 위해 노력하며 산다. 산에 사는 스님들도, 사회에서 열심히 일하는 신도들도 마찬가지이다.

어디에 기준을 두느냐는 그 무엇보다 중요하다. 물론 모든 존재들이 자신의 행복을 위한 일을 하는 것은 부인할 수 없다. 본능에 충실하게 사느냐, 아니면 도덕적이고 가치 추구적인 삶을 사느냐에 따라 우리 삶은 고통으로 점철되거나 아니면 행복한 삶이 지속될 것이다.

삼독 번뇌로 자기의 재물을 삼는 것은 본능에 충실한 삶이라 할 수 있다. 본능에만 충실하여 천당에 가는 길과는 먼 곳으로 가는 우리들의 모습을 말하고 있다. 내비게이션의 문제라고 할 수 있다. 목적지를 천당으로 설정해 놓은 것은 다를 바 없다. 그러나 가다 보니 좀 더 좋아 보이고 편리한 길로 빠지기 쉬워 대부분은 그것을 선호한다. 편리함과 본능에 충실하다 보면 아예 천당이라는 목적지와는 다른 길로 가게 될 것이다.

사전에 보면 '천당'은 불교에서 파생된 용어로 죽어서 가는 복된 세계를 가리킨다. 요즘은 기독교에서 전문으로 쓰는 용어처럼 변해 버렸지만 본래는 불교에서 써 오던 단어이다. 경전에서는 하늘 세계를 욕계, 색계, 무색계의 삼계로 구분하여 여러 하늘을 설명하고 있지만 여기서는 간략히 복된 세계라고 정의하고자 한다. 죽어서 가는 곳이든 현재 우리가 살아서 만들어 가는 곳이든 막론하고 행복이 넘치는 좋은 곳 정도로 보면 좋을 것이다.

삼독毒은 열반에 이르는 데 장애가 되는 근본적인 세 가지 번뇌, 즉 탐욕[貪], 분노[瞋], 어리석음[癡]이다. 『상윳타 니카야』[1]에는 삼독을 활활 타오르는 불길로 정의하고 있다.

"비구들아, 모든 것이 타고 있다. 활활 타고 있다. 너희들은 먼저 이것을 알아야 한다. 그것은 무슨 뜻인가? 비구들아, 눈이 타고 있다. 그 대상을 향해 타고 있다. 귀도 타고 있다. 코도 타고 있다. 마음도 타고 있다. 모두 그 대상을 향해 활활 타고 있다. 비구들아, 그것들은 무엇으로 타고 있는가? 탐욕의 불꽃으로 타고, 분노의 불꽃으로 타고, 어리석음의 불꽃으로 타고 있다."

여기서는 탐욕의 불길, 분노의 불길, 어리석음의 불길로 말하고 있다. 불길, 불꽃이라는 단어는 중국인들이 이해하기 쉽게 독으로 번역하여 지금에 이른다. 물론 불길이든 독이든 우리를 태우고 죽음에 이르게 하는 것으로 천당과는 반대 개념이다. 독과 불꽃이 우리로 하여금 지옥·아귀·축생으로 직행하게 하는 것이다. 중생들은 이 세 가지 불꽃처럼 타오르는 것에 장작을 계속 공급함으로써 업을 짓고 천당과는 거리가 먼 곳으로 가고 있다.

선종에서는 천당과 지옥을 "마음에 미세한 번뇌 망념이 일어나면 선과 악, 그리고 범부와 성인이라는 차별심이 일어나게 되고, 지옥이 건립되고 천당도 건설된다."고 한다. 한 생각의 번뇌 망념에 의해 부처도 있고, 중생도 있으며, 육도의 윤회 세계도 만들어진다. 삼독이 천당과 지옥뿐만 아니라 미친 불꽃같이 우리를 태워 버린다는 것이다.

불꽃이 타오르기 전에 우리는 발심으로 대처하여 일어나지 않게 하고 조금 일어나는 불꽃은 잘 관리해 소멸에 이르게 노력해야 할 것이다. 부처님 말씀을 우리 집의 재산으로 삼으면서 촛불을 끄듯 하나하나 꺼 나가면, 삼독의 큰 불꽃은 단지 겨울 추위를 이기게 하는 손난로 정도로 관리할 수 있을 것이다.

악도에 떨어지지 않는 길

유혹하는 사람이 없는 악도에 가서

들어가는 사람이 많은 것은

사대와 오욕으로

허망한 마음의 보배를 삼았기 때문이다.

無誘惡道　多往入者
무 유 악 도　다 왕 입 자

四蛇五欲　爲妄心寶
사 사 오 욕　위 망 심 보

우리는 수없이 많은 유혹 속에 살아간다. 추우면 따뜻한 아랫목을 찾고 더우면 에어컨을 그리워하게 되는 것뿐만 아니라 현대를 살아가면서 많은 물질적인 유혹들에 노출되어 있는 것이 사실이다. 그 많은 유혹들 중에서 악도惡道, 즉 삼악도는 우리를 유혹하지도 우리를 못 들어오게 막지도 않는다. 그런데 우리는 악도에 많이도 들어간다. 죽어서 가는 삼악도의 세계가 아닐지라도 하루하루를 살아가면서 많은 악도를 경험한다. 어떤 때는 지옥, 즉 나락에 떨어지는 것을 하루에도 몇 번을 경험하는지 모른다.

아귀의 세계도 마찬가지고 축생의 마음을 간직하는 시간도 하루에 몇 분이나 될까 생각하면 끔찍하다. 아무도 유혹하지 않고 오라고 손짓도 않는데 우리가 들어가는 이유는 무엇일까. 사사四蛇와 오욕으로 허망한 마음을 보배로 삼고 그것을 추구하기 때문이다.

불교에서는 사대를 네 마리의 뱀, 곧 '사사'라고 한다. 사사는 『열반경』[2] 일협사사一篋四蛇의 비유와 『금광경』「공품」 등에 등장하는 한 광주리 안에 뱀 네 마리가 있다는 비유에서 유래한 말이다. 한 광주리 즉 우리의 오음의 몸은 네 마리 뱀, 사대로 이루어져 활동하고 있음을 비유한 것이다. 사대四大는 흙[地], 물[水], 불[火], 바람[風] 네 가지로 만물을 생성하는 기본적인 원소이다. 인간의 신체는 지수화풍 사대로 이루어졌고, 육체를 움직이고 활동하는 원동력은 사대로부터 비롯됐다. 지수화풍의 사대가 흩어지는 시절인연이 되면 파괴되어 가는데도 우리는 그것을 모르고 집착한다.

우리의 육체는 네 가지 요소를 기본으로 이루어져 항상 생주이멸生住異滅의 과정을 밟는데도 그것에 집착하여 언제나 영원할 것처럼 생각하고 보배로 여기며 사는 모습을 말한다. 이런 생각에서 깨어나지 못해 악도에 들어가는 것이다.

다음으로 악도에 들어가는 원인으로 오욕五欲을 들고 있다. 우리의 다섯 가지 감각기관인 안이비설신眼耳鼻舌身 전오근前五根이 색성향미촉色聲香味觸의 다섯 가지 경계를 대하면서 일어나는 욕망이다. 눈은 눈대로 귀는 귀대로 혀는 혀대로 전부 자기에게 좋은 것을 찾아 헤매니 욕망들이 생긴다. 이것을 대표적으로 밝히고 있는 것이 오욕이다. 다섯 가지 욕망은 재색식명수財色食名睡라고 하는데, 재물에 대한 욕망, 성적인 욕망, 맛난 음식에 대한 욕망, 명예에 대한 욕망, 잠자고자 하는 욕망으로 감각적인 쾌락을 추구하는 욕망을 가리킨다. 이 다섯 가지 기본이 되는 욕망을 추구하여 우리는 천당과는 먼 길을 향해 치달려 나가고 있다.

여러 경전과 선사들의 어록에서도 다섯 가지 쾌락을 버린 수행을 강조하고 있다. 『금강경』을 해석한 육조혜능 스님도 "보살은 자신의 오욕쾌락을 위하여 보시를 행하지 말고 다만 안으로 간탐심慳貪心을 깨뜨리고 밖으로는 온갖 중생을 이익되게 하기 위하여 보시를 행해야 한다."는 가르침을 전했다. 또한 강원 교과목이자 좌선의 의식을 설명하고 있는 『치문』의 장로자각長蘆慈覺 선사의 『좌선의坐禪儀』에서도 "반야를 배우는 보살은 먼저 마땅히 대비심을 일으켜 넓고 큰 서원을 발해 정미롭게 삼매를 닦아야 하느니라. 중생을 제도하기 위하여 서원을 세울 것이지 일신을 위하여 홀로 해탈을 구하지 말아야 한다."고 마음의 보배로 삼을 것을 권하고 있다.

온갖 중생의 이익을 위한 보시 등과 좌선의 올바른 마음가짐을 보배로 삼아 수행하는 것이 악도에 떨어지지 않는 길이다.

재가자의 선행

어떤 사람인들 산으로 돌아가 도를 닦고 싶지 않으리요마는,
이에 나아가지 못하는 것은 애욕에 얽매였기 때문이니라.
그러나 산중 숲으로 돌아가 마음을 닦지는 못한다 할지라도
자신의 힘껏 선행을 버리지는 말아야 할 것이다.

人誰不欲歸山修道
인 수 불 욕 귀 산 수 도

而爲不進　愛欲所纏
이 위 부 진　애 욕 소 전

然而不歸山藪修心
연 이 불 귀 산 수 수 심

隨自身力　不捨善行
수 자 신 력　불 사 선 행

요즘은 수행이 아니더라도 여러 가지 이유로 산에 들어가 사는 사람들의 이야기를 매스컴을 통해 자주 접하게 된다. 적당한 포장을 거쳐 방송되는 것이라고 하더라도 그들이 마음의 평안을 얻어 가는 과정과 삶이 긍정적으로 변해 갔다는 등의 이야기를 들을 때면 산이 우리에게 주는 치유 효과가 정말 대단한 것이구나 하고 느낀다.

산속 절에 살다 보니 등산객을 비롯한 여러 사람들이 한결같이 "참 좋겠습니다. 아무런 근심 없이 살 수 있을 것 같습니다." 등의 말을 건넨다. 그럴 때면 애로사항도 많다는 것을 말해 주고 싶지만 순수하게 말을 내뱉는 그들에게 실망을 안겨주고 싶지 않아 웃고 말 때가 많다. 그 누구라도 오랜 시간은 아니더라도 산으로 들어와 수행하고 싶은 마음이 많을 것이다. 산에 사는 나조차 미얀마 밀림 수행자의 사진 한 장을 보고도 마음이 설렐 정도이니 말이다.

많은 사람들이 산 초입에도 들어오지 못하고 있는 것 또한 사실이다. 물론 그 이유가 모두 애욕 때문이라고 할 수는 없다. 경제활동과 인간관계 그리고 가족에 대한 의무 등 여러 가지 이유로 산속 생활을 그리워하는 마음조차 내기 어렵다. 설령 마음을 낸다 해도 산으로 들어가 출가 수행하기는 더 어려운 것이 현실이다. 이렇듯 일반 재가자의 입장에서는 경제, 사회적 관계 등 여러 가지를 정리하지 못하는 것이 큰 이유일 것이다.

애욕보다는 각자 삶의 과정에 따른 여러 이유로 마음은 있으나 선뜻 그리고 굳은 마음으로 실행하지 못하는 것일 뿐이다. 물론 애욕이라는 말을 크게 해석하면, 이 모든 것들이 그 속에 포함되어 출가하지 못하는 가장 큰 이유가 애욕이라고 할 수 있다.

오대산 월정사에서 있었던 단기출가에 대한 열망이 대단했던 것을 보면서 재가자들도 산으로 들어와 수행하고자 하는 마음이 얼마나 간절한지 알 수 있었다. 여러 이유로 출가하여 산에서 수행하지는 못하더라도 자신의 능력이 닿는 대로 선행을 버리지 않고 적극적으로 행한다면 마음자리는 산속의 수행에는 따라가지 못하더라도 더 적극적인 선행으로 대승 보살도를 실천하는 일이 될 것이다.

재가자로 살아가면서 할 수 있는 선행은 출가하여 사는 스님들에 비해서 수적으로 더 많을지도 모른다. 봉사활동을 하고 보시를 행하는 등의 일을 많은 곳에서 하고 있는 것을 볼 수 있는데 그런 일들은 나를 위해서 또한 사회를 위해서 반드시 해야 할 선행임에 틀림없다.

원효 스님이 말하는 재가자의 선행이 무엇일까 곰곰이 한 번 생각해 봐야 할 것이다. 불교 교리를 대입하지 않더라도, 산에 들어가 수행하지 못하더라도 할 수 있는 선행, 이 선행은 반드시 지혜를 바탕으로 하고 있어야 한다. 지혜를 바탕으로 한 보시, 지계 등의 육바라밀 실천을 말하는 것이다. "선善이란 깨달음에 도움을 주는 일체의 것이고 악惡이란 깨달음에 방해되는 모든 것"이란 정의에서 보여 주듯이 선행은 깨달음에 도움을 주는 일체의 것이기 때문이다.

원효 스님은 반드시 입산 출가자만이 수행하고 깨달음을 얻을 수 있다고 말하지 않는다는 것을 알 수 있다. 선행을 버리지 않고 힘껏 수행하는 모든 이들을 격려하고 있다. 그러면서 출가 수행자에게는 세월을 헛되이 보내지 말라고 채찍질하는 뜻을 품고 있다.

발심수행장

난행은 고행

자신의 즐거움을 능히 버릴 줄 알면

다른 이들이 믿고 공경하기를 성인과 같이 할 것이고,

하기 어려운 수행을 능히 해낸다면

존중하기를 부처님과 같이 할 것이다.

자신의 물건을 아끼고 남의 물건까지 탐내는 것은

마구니의 권속이요,

자비롭게 보시하는 것은 부처님의 제자들이 할 일이다.

自樂 能捨 信敬如聖
자락 능사 신경여성

難行 能行 尊重如佛
난행 능행 존중여불

慳貪於物 是魔眷屬
간탐어물 시마권속

慈悲布施 是法王子
자비보시 시법왕자

우리는 자기에게 속한 어떤 것도 쉽게 내놓지 않으려는 속성을 가지고 있다. 자기의 즐거움뿐만 아니라 고통도 내 것이라고 애착한다. 때문에 자발적으로 자기의 즐거움을 버릴 수 있는 사람을 존중한다.

남들이 하기 어려운 행은 참으로 하기 어렵다. 화장실, 욕실 청소부터 마음을 내지 않으면 쉬운 게 하나도 없다. 이런 작은 일도 스스로 마음을 내지 않으면 어려운데 수행은 더 말할 필요도 없을 것이다. 난행은 고행이라고 할 수 있다. 사람으로서 참으로 어려운 수행이고 행동이다. 사리사욕을 버리고 많은 사람들에게 이익이 돌아가도록 하는 일을 하는 사람을 보면 우리는 그들이 부처님 같다는 생각을 낸다.

인터넷을 보다가 일본 유학 중 철로에 떨어진 일본인을 구하려다 숨진 의인 이수현 씨의 20주기 추모행사가 열렸다는 것을 알았다. 몸을 아끼지 않고 어려운 선행을 실천한 사람을 기리는 행사가 지금까지 이어져 오고 있고 앞으로도 계속되리란 생각을 해 보면 우리 모두가 난행을 능히 행한 사람에 대해 성인처럼 존경하는 마음을 가지고 있다는 것을 알 수 있다.

이러한 어려운 행을 가장 먼저 몸소 보여 주신 분이 바로
부처님이 아닐까 생각해 본다. 부처님께서는 행하기 어려운
수행을 통해 깨달음을 이루셨고 도를 구하기 위해 목숨을 걸
고 수행하셨다. 과거 전생의 고행과 난행은 이루 헤아릴 수가
없다. 이 같은 이야기는 부처님이 전생에 설산동자로 있을 때
구법 이야기를 비롯하여 『자타카Jataka: 前生譚』 등에 많이 실
려 있다. 『금강경』에서도 가리왕의 몸을 바친 고행을 전하고
있다. 선종에서는 팔을 잘라 법을 구한 혜가 스님의 단비구법
의 이야기 등이 전해 오고 있다. 이는 모두 불법佛法을 위해
목숨 걸고 수행했던 것을 보여 주고 있다.

부처님을 따라 배우려는 사람으로서 쉽고 편한 것만을 찾
아 행하고 어려운 것을 회피해서는 안 된다는 것은 누구나
안다. 부처님의 삶을 따라 배우겠다는 서원을 「보현행원품」에
서는 상수불학원常隨佛學願이라 하여 구체적으로 설명하고
있다.

부처님의 가르침을 부지런히 배워 작은 선행이라도 실천
해 나갈 때 불자로서 부끄럽지 않은 삶을 사는 것이고 존중받
을 수 있는 것이다. 또한 마구니가 되고 법왕자가 되는 길은

물건을 탐하고 보시를 행하는 것에 의해 갈라진다고 한다.

보시布施는 재시財施, 법시法施, 무외시無畏施의 세 가지가 있다. 음식, 의복, 의약 등의 일용물日用物을 보시하는 사람은 반드시 모름지기 금전을 써야 하기 때문에 재시財施라고 한다. 사람을 위하여 설법하고 혹은 경전이나 세간의 전적典籍을 인쇄하고 보내어 다만 사람에게 이익이 있기를 위하여 보시하는 것을 법시法施라고 한다. 무외시無畏施는 고통과 어려움을 구제하는 것이다.

보시를 꾸준히 닦아 나가면 간탐심慳貪心을 깨뜨릴 수 있다고 한다. 탐하면 반드시 아끼고 아끼면 반드시 탐하게 된다. 이는 가지가지의 업業을 지어 길이 생사고해生死苦海 중에 있게 되는 연유가 된다. 그러므로 이를 반드시 깨뜨려야 할 것이다.

간탐이 일어나는 마음을 보시하는 실천으로 깨뜨려 나간다면 우리는 진정한 불자라고 할 수 있을 것이다.

발심수행장

수행자가 가져야 할 마음가짐

높은 산 높은 바위는

지혜로운 이가 거처할 곳이요,

푸른 소나무가 어우러진 깊은 골짜기는

수행자가 깃들어 살 곳이니라.

배가 고프면 나무 열매를 따 먹어서 주린 창자를 달래고,

목이 마르면 흐르는 물을 마셔서

갈증을 쉬게 할 것이니라.

高嶽峨巖　智人所居
고 악 아 암　지 인 소 거

碧松深谷　行者所捿
벽 송 심 곡　행 자 소 서

飢饌木果　慰其飢腸
기 찬 목 과　위 기 기 장

渴飮流水　息其渴情
갈 음 류 수　식 기 갈 정

수행자는 어떤 곳에서 살고 어떤 음식으로 식사를 해결해야 하는가에 대한 답이다. 요즘은 사는 곳에 따라 사람을 평가하는 시대가 되어 버린 것 같다. 서울과 지방, 강남권과 비강남권, 이런 나눔은 경제적 측면을 가장 고려하는 관점이다.

공자도 『논어』에서 말하기를 "지혜로운 사람은 물을 좋아하고, 인자한 사람은 산을 좋아한다. 지혜로운 사람은 즐겁게 살고, 인자한 사람은 장수한다."라고 했으니 무조건 인구가 많고 경제적 가치가 있는 곳만 좋아한 것은 아니었다. 예나 지금이나 경제적, 문화적 측면에서는 사람이 많이 모이는 곳이 좋은 곳이라 할 수 있지만 정신적 안정을 찾고 수행하는 데는 번잡한 도심보다는 산속이 한결 나을 것이다.

임제 스님의 여러 경계를 따르지 말라는 '막수만경莫隨萬境'이나, 일체 경계에 끄달리지 않는 '수처작주隨處作主 입처개진立處皆眞'에 따르면 어떠한 곳이나 진실의 세계가 아닐 수 없다. 그러나 범부의 입장에서는 높은 산이나 인적이 드문 골짜기가 번다함과 수행에 방해되는 여러 인연을 피할 수 있는 좋은 곳임에 분명하다.

『초발심자경문』에서도 "배고프면 나무 열매로 주린 창자를 달래고 목이 마르면 개울가의 흐르는 물을 마셔 갈증을 달래야 한다."고 제시하고 있다. 의식주에 대한 집착을 버리고 오로지 수행에만 전념하는 두타 행자들의 삶 속에 녹아 있는 정신이라고 할 수 있다.

중국에서 최초로 번역되었다는 『사십이장경』에서도 이런 두타 행자의 의식주에 대한 지침을 잘 설명하고 있다. "부처님께서 말씀하셨다. 머리와 수염을 깎고 사문이 되어 도법道法을 배우는 사람은 세상의 재산을 버리고 걸식하는 것으로 만족해야 한다. 하루 한 끼의 식사[日中一食]로 나무 밑에서 하룻밤을 쉬고[樹下一宿] 이틀을 같은 곳에서 묵지 말라."는 가르침이다.

또한 불조삼경佛祖三經의 하나로 읽혀 온 『유교경』에서는, "그대들 비구들은 모든 음식을 받아 먹을 때 약을 복용하는 것과 같이 해야 한다. … 약간의 음식으로 몸을 유지하고 배고픔과 갈증을 없애도록 하라. 마치 벌이 꽃에서 단 꿀만을 채취하고 꽃과 향기를 손상하지 않도록 하는 것과 같이 하라."고 하고 있다. 원효 스님과 같은 철저한 두타행을 강조하고 있는 것이다.

좋은 주거 환경과 맛난 음식으로 하루하루를 살아가고 싶은 것이 중생들의 욕망이다. 많은 사람들이 욕망의 구체화를 위해 일하고 돈을 벌고 있다. 그리고 그 돈을 이리저리 굴려 가면서 좀 더 좋은 위치에, 좀 더 크고 넓은 집을 향하여 진격하고 있다. 이런 시대 상황과는 정반대의 길, 수행자가 갈 길을 제시하고 있는 것이 원효 스님의 말씀이다.

세속의 욕망을 추구함에 있어서는 더 크고 넓고 좋은 것들이 필요할 것이다. 그러나 조금 더 너른 집이, 조금 더 맛난 음식이 우리의 갈증을 풀어 주지 못한다. 물론 그런 것들이 집 없는 세속인들에게는 위안이 될지 몰라도 정신적인 수양을 하는 이들이라면 원효 스님이 말씀하신 마음가짐을 가져야만 어디에서도 주인이 될 수 있을 것이다.

무상의 이치

단 음식을 씹어 먹어서 아끼고 길러 보아도

이 몸은 단정코 무너질 것이고,

부드러운 옷을 입어 지키고 보호하여도

목숨은 반드시 끝남이 있다.

喫甘愛養　此身 定壞
끽 감 애 양　차 신　정 괴

着柔守護　命必有終
착 유 수 호　명 필 유 종

저녁예불을 드리고 방으로 들어와 텔레비전을 살짝 켜 보니 거의 먹는 이야기 일색이다. 그만큼 관심이 많기 때문에 만들어지는 프로그램일 테고, 단 음식을 접할 기회도 많아진 것이다. 이는 비단 일반 재가자들만이 아니라 우리 스님들도 생활 속에서 맛난 음식들을 접할 기회가 많아졌다는 것을 의미한다.

강원의 대교반 시절 저녁 시간대에 라면을 끓여 먹을 수 있는 특권을 누리던 때가 생각나면 마음이 씁쓸해지곤 한다. 어떤 때는 먹지 않으리라 굳게 다짐하고 경상에 앉아 있노라면 멀지도 않은 지대방에서 라면 끓이는 냄새가 스멀스멀 후각을 자극한다. 결국 돼지가 되고 지옥에 떨어지는 한이 있더라도 먹을 수밖에 없었던 기억이 있다. 하지만 이런 맛난 음식으로 몸을 불리고, 좋은 옷을 입혀도 우리의 몸은 영원히 존재하지 않는다. 유한성을 가진 모든 존재 중의 하나일 뿐이다. 생로병사生老病死의 과정을 거치는 무상無常의 존재일 수밖에 없다는 것이다.

초기불교의 여러 비유 중에 아들의 죽음으로 슬퍼하다 무상의 이치를 깨닫고 열반을 성취한 끼사 고따미라는 여인에 대한 이야기 있다. 그녀는 아들을 잃은 슬픔을 가슴에 안고 실성하여 마을을 돌아다니다 "마을에 가서 한 명도 사람이 죽은 적이 없는 집, 다시 말해 부모도 자식도 형제도 그 누구도 죽은 적이 없는 집에 가서 겨자씨를 얻어 온다면 내 너에게 아들을 살릴 수 있는 약을 알려 주마."라는 부처님의 말씀을 듣게 된다. 이 여인은 곧바로 죽은 아들을 안고 발이 다 닳을 정도로 돌아다녀 보았지만 그런 집은 어디에도 없었다. 어느덧 해도 저물고 주위는 캄캄해졌다. 망연자실하며 주저앉았던 그녀는 문득 깨달았다. '아, 그렇구나. 지금까지 나는 내 자식만 죽었다고 생각했는데, 지금 살고 있는 사람보다 더 많은 사람이 이미 죽었구나.'라는 생각을 하게 되면서 아들의 육신에 대한 집착을 내려놓게 됐다는 이야기이다.

이렇듯 살아 있는 모든 것은 죽음을 피해 갈 수 없다. 육신은 인연에 의해 임시로 화합된 것이기 때문에 생로병사와 생주이멸生住異滅을 거쳐 파괴되어 간다는 것이 부처님의 가르침이고 세상의 진리이다. 육신에 대한 집착을 떨쳐 버리도록 강조하고 있는 말씀이다.

이 무상의 도리를 깨닫게 하기 위해 백골관白骨觀 등의 수행법을 제시하고 있기도 하다. 조사 스님들도 무상의 이치를 하루빨리 깨닫고 수행해 나아가야 함을 강조한다. 이는 여러 어록에서 볼 수 있다. 임제 스님은 "무상無常이라는 사람을 죽이는 귀신[殺鬼]은 한 찰나 사이도 멈춤 없이 귀인이나 천민, 혹은 늙은이나 어린애를 가리지 않고 생명을 빼앗아 간다."고 말하고 있다. 무상이라는 귀신이 우리를 잡아먹기 전에 "우물쭈물하며 안일하게 세월을 보내지 말고, 시간을 아껴야 한다. 한 생각 한 생각이 죽음에 이르는 길이다."는 말씀을 명심해야 할 것이다.

아무리 부드럽고 좋은 옷과 음식으로 우리 몸을 보양해도 몸은 반드시 마칠 날이 있기 때문에 몸에 집착 말고 바른 법을 배워 보살도를 실천해 나가야 함을 원효 스님 이전 부처님도 말씀하시고 이후 많은 조사들도 강조하고 있다.

배고픔, 추위 걱정은 없지 않은가

메아리가 울리는 바위 동굴로 염불당을 삼고

슬피 우는 산새로 마음을 달래는 벗으로 삼을지니라.

절하는 무릎이 얼음과 같더라도

불을 그리워하는 마음을 내지 말며,

주린 창자가 끊어질 것 같아도

음식을 구하는 생각을 내지 말지니라.

助響巖穴　爲念佛堂
조 향 암 혈　위 념 불 당

哀鳴鴨鳥　爲歡心友
애 명 압 조　위 환 심 우

拜膝　如氷　無戀火心
배 슬　여 빙　무 연 화 심

餓腸　如切　無求食念
아 장　여 절　무 구 식 념

두타 행자의 수칙 중 한 나무 아래에서 이틀 밤을 자지 않는 다는 것이 있다. 그 나무 밑을 아늑하게 느껴 장소에 대한 애착이 생길 것을 경계하는 말이다. 나무 아래도 아늑하면 애착이 가는데 지붕 있는 안락한 집이야 말할 것 없다.

우리 스님들의 삶도 한국 경제와 더불어 큰 변화를 겪었다. 급격한 경제 성장과 속도를 나란히 하다 보니, 사회적으로 지탄의 대상이 되는 일도 종종 있다. 대중들과 함께 대중생활을 하는 것이 가장 승가다운 생활임이 분명할진대 여러 스님들이 토굴이라는 이름으로 개인 거처를 마련하는 것도 공공연한 현실이 되어 가고 있다. 참 안타까운 이야기다. 게다가 토굴의 규모도 스님의 살림살이처럼 각각이다 보니, 간혹 호화스러운 규모가 비난의 대상이 되기도 한다. 물론 일부 스님들에게 한정된 이야기지만, 다수의 스님들은 이러한 모습을 보면 자괴감이 들 때가 많다. 경제가 성장해도 여전히 송곳 하나 꽂을 땅조차 없는 검박한 생활을 하는 것이 대다수 스님들의 모습이기 때문이다.

시대의 변화 속에 우리의 주거 형태도 크게 발전했지만, 여전히 수행처라 함은 과거형이 더 와닿는다. 간혹 산에서 옛 스님들이 수행했다는 전설이 어린 바위 굴을 만난다. 이름난 명산이 아니더라도 곳곳에 바위 굴이 있고 그곳에서는 척박한 거처에서 오직 수행에 매진했을 선배 스님들의 자취가 느껴진다.

메아리가 울리는 바위 동굴이란 바로 이렇게 자연적인 산속에서의 수행을 말하는 것이다. 불편하더라도 그저 비를 피할 수 있는 곳을 찾아 수행의 처소로 삼고 나무를 의지하여 지저귀는 새들로 벗을 삼아 외로움을 달래며 열심히 정진할 것을 강조하고 있는 것이리라.

다음에 이어지는 말은 추위와 더위가 번갈아 가며 찾아오는 환경 속에서도 꿋꿋하게 수행하는 모습을 말하고 있다. 얼마나 춥고 더웠기에 동산양개洞山良价 화상의 춥지도 덥지도 않은 곳으로 가라는 법문을 『벽암록』에 싣고 있겠는가? 동산양개 화상의 선문답처럼 추위와 더위가 없는 곳으로 가면 더할 나위 없이 좋겠지만 항상 더위와 추위의 핍박을 받고 사는 것이 중생계의 일이라 어쩔 수 없는 것 같다.

단하천연 선사가 행각하다 어느 추운 날 혜림사에서 법당

의 목불을 쪼개어 불 피우고 추위를 막은 이야기가 전해져 내려오고 있으니, 과거 추위와 더위는 선사들에게 피할 수 없는 자연의 고난이었던 셈이다.

배고프면 밥 먹고 졸리면 잠자는 것이 도인의 삶이라고 여러 곳에서 말하고 있지만 그것은 깨달은 경지의 도인들 이야기이고, 수행자의 입장에서는 배고픔을 참아 내는 인내의 이야기를 이어서 하고 있다. 사람이 참을 수 없는 것이 많지만 그중 가장 어렵고 힘든 것을 꼽으라면 배고픔과 추위일 것이다. 이 대목에서 원효 스님은 발심 수행하는 수행자는 배고픔과 추위를 이길 수 있고 그것을 잘 인내해야만이 수행으로 나아갈 수 있음을 밝히고 있다.

게으르지 말고 정진하라

홀연히 백년 죽음에 이르거늘

어찌 배우지 않겠으며,

일생이 얼마나 된다고

수행하지 않고 게으름을 피우겠는가.

忽至百年　云何不學
홀 지 백 년　운 하 불 학

一生　幾何　不修放逸
일 생　기 하　불 수 방 일

일상적인 생활 속에서는 일상의 고마움을 망각하고 살 때가 많다. 코로나바이러스감염증으로 인해 일상이 허물어지고서야 일상의 소중함을 다시 한 번 생각하는 것처럼 말이다. 긴 인생을 살아가면서도 우리는 우리의 하루하루가 얼마나 소중한지를 잊어 버리고 사는 경우가 허다하다. 어떤 큰 변화 앞에 서고서야 우리의 인생 중 오늘의 하루가 얼마나 중요한지, 얼마나 빠르게 지나가고 있는지를 깨닫게 된다.

얼마 전 우리 절에서 차량 운행 등 여러 일을 도와주시던 거사님께서 며칠 동안이나 보이지 않은 일이 있었다. 걱정이 되어 전화를 드렸더니 친한 친구가 세상을 떠나 슬픔을 이길 수 없어 우울감에 빠져 있다고 했다. 생을 달리한 친구의 인생을 자신과 비교해 보니 허망함과 슬픔이 찾아온 것이다.

타인의 죽음은 내게도 죽음이 멀지 않았음을, 시간이 얼마 없음을 상기시킨다. 노년이 되면 더욱 그렇다. 그래서 많은 이들이 이미 노년의 나이에도 늦지 않았다는 말을 되뇌며 새로운 배움을 위해 만학도의 길을 걷는다. 이는 자기 자신에게 활력을 주며 또래의 노인들에게 희망을 주고 젊은이들에게는 귀감이 되는 아주 긍정적인 모습이다.

그러나 노년을 준비하면서 우리가 가져야 할 것은 지식을 얻는 배움이 아니라 무상無常과 고苦에 대한 철저한 인식이다. 원효 스님이 말하는 배움도 이런 의미일 것이다. 깨달음을 향해 정진하여 어느 정도의 경지에 오를 수 있으면 더할 나위 없이 좋겠지만 그렇지 못한 일반적인 범부의 입장에서는 더한 욕심을 내지 않고 세상을 어느 정도 달관하면서 바라볼 수 있는 내공을 쌓아 가는 과정이 배움이다.

모든 것은 변화하고 항상이 없다는 전제를 자기에게 끌어와 보면 조금은 슬퍼지지만 다음 서원을 세울 수 있다. 젊은 시절 인생의 시간이 길다고 믿었을 때와는 다른 자세로 공부에 임한다. 시간이 없음을 깨달으면 방일하지 못한다. 늘어진 테이프 마냥 축 늘어져 있는 것이 아니라 단단하게 고삐를 다잡고 앞으로 나아갈 수 있는 것이다.

게으르지 말고 정진하라는 부처님의 말씀은 경전 여러 곳에서 강조되는 말이다. 선사들의 어록에서는 이 게으름을 더욱더 강하게 질책하고 있음을 우리는 볼 수 있다. 대표적으로 『법구경』에는 「방일품」을 따로 두어 게으름을 경책하고 있다. 『잡아함경』에서도 "이때, 세존께서 여러 비구들에게 말씀하셨다. 비유하건대 백 가지 약초가 모두 땅에 의지해 생장하는 것과 같다. 이와 같이 가지가지의 모든 착한 법이 모두 불방일에 의지해 근본을 삼는다."며 불방일不放逸을 강조한다.

젊은 스님들이 농담 삼아 하는 얘기가 있다. 좋은 은사 스님이 갖추어야 할 조건 중 하나가 "일찍 일어나 뽀시락거리지 말아야 한다."는 것이란다. 젊은 제자가 새벽잠을 자는데 은사 스님이 일찍 일어나 새벽을 준비하며 제자의 잠을 깨우는 것은 나쁜 은사의 행동이라는 것이다. 비록 나이 든 사람의 부지런함이 불편할지라도, 그리 생각하는 게으른 제자는 훗날 방일의 과보를 얻게 된다.

곡식이 농부의 발자국 소리를 듣고 자란다는 말이 있다. 씨앗을 심었다고 모두가 꽃을 피우지는 않는다. 무상의 깨달음을 바탕으로 불방일의 자세로 정진해야만 비로소 그 자리에 아름다운 꽃이 피고 결실이 맺어질 것이다.

진정한 출가의 의미

마음속에 있는 애욕을 떠나 버림을 이름하여 사문이라 하고,

세속을 그리워하지 않는 것, 이것을 출가라 이름한다.

수행자가 욕심의 그물에 걸리는 것은

개가 코끼리 가죽을 뒤집어쓰는 것과 같고,

수도하는 사람이 연모의 정을 품는 것은

고슴도치가 쥐구멍 속으로 들어가는 것과 같다.

離心中愛　是名沙門
이 심 중 애　시 명 사 문

不戀世俗　是名出家
불 연 세 속　시 명 출 가

行者羅網　狗被象皮
행 자 라 망　구 피 상 피

道人戀懷　蝟入鼠宮
도 인 연 회　위 입 서 궁

삭발 일이 되면 머리를 깎고, 깎은 머리를 만져 보며 출가할 때의 마음을 언제나 돌이켜 보라던 사형들의 말이 새삼 떠오른다. 이런 말들 때문인지 삭발을 하고 나면 뒷머리까지 한번 쓱 하고 만져 보는 것이 습관이 되었다.

원효 스님의 이 말씀은 우리에게 진정한 출가란 무엇인가에 대해 생각하게 하는 구절이다. 출가자라면 '내가 왜 출가했는가, 내가 왜 중이 되었는가?'를 끊임없이 되뇌어 보고 돌아봐야 한다는 의미도 포함하고 있으리라. 이 질문에 대한 확실한 답을 갖고 열심히 정진해 나가면서 수시로 만져 보고 돌이켜 봐야 할 일이다. 물론 재가자도 수행하면서 항상 왜 수행해야 하는가를 스스로 물을 줄 알아야 출·재가를 막론하고 진정한 수행인의 모습대로 나아갈 수 있다. '진정한 출가'에 대한 고민들은 우리 범부들뿐만 아니라 여러 조사 스님들에게도 주어졌던 것 같다. 그 질문에 대한 해답들이 어록에 전해지고 있다. 특히 임제 스님의 어록에는 출가한 사람들과 수행자들을 향한 경책의 말씀을 밝히고 있다.

『임제어록』[3]에서는 진정한 출가의 의미를 다음과 같이 새

기고 있다

"진실로 출가한 사람은 평상시에도 진정한 견해로 부처와 마구니를 판단하며, 진실과 거짓을 판단하고, 범부와 성인을 판단할 줄 알아야 한다. 이와 같이 판단할 수 있는 안목을 갖추었을 때 비로소 진정한 출가라고 말할 수 있다. 만일 마구니와 부처를 올바르게 판단하지 못한다면, 그것은 정말 어떤 집에서 나와 다시 다른 집으로 들어가는 것과 똑같은 것이다. 그것은 죄업을 짓는 중생이라고 하며, 진실한 출가인이라고는 할 수 없다."

임제 스님은 이렇듯 진정한 출가 정신을 갖고 수행할 것을 당부하셨다. 또한 이전의 법문에서는 불법佛法을 잘 알지 못하고 수행하는 자에 대한 경책을 잊지 않고 있는 것을 볼 수 있다.

"오늘날의 수행자들이 불법을 잘 알지 못하여 마치 눈먼 양이 코에 닿는 물건을 모두 입안에 집어넣는 것과 같다. 그렇기 때문에 하인과 주인을 구별하지 못하고, 손님과 주인도 판단하지 못하고 있는 것이다. 이러한 무리들이 삿된 마음으로 불문에 들어와 곳곳에서 시끄럽게 하니, 이들을 진정한 출가인이라고 할 수 없으며, 바로 이런 자들이야말로 세속인[俗家人]이라고 하겠다."

뒤에 이어지는 말씀에서는 수행자의 옷에 대한 이야기를 이어 가신다. 가사의 색까지도 색에 집착함이 없게 하려고 순수한 색이 아닌 여러 가지가 섞인 색인 괴색 등을 입고 있는데, 이와 같은 색은 흐릿하고 담박하여 빛이나 무늬가 없다. 부처님 당시나 원효 스님 시대에도 수행자의 복장을 언급한 것은 그것 자체가 수행의 자세와 연결되는 철저한 문제로 다뤄졌던 것 같다. 결국 수행인이, 도인이 마음속에 두지 말아야 할 일인 연정을 품는 일에 대해 강하게 경계하고 계신 것이다.

좋은 수행처의 조건

비록 재주와 지혜를 갖추고 있다 하더라도

세속 마을에 거처하는 사람은

모든 부처님들이 이 사람에게 안쓰러워하는 마음을 내시고,

설령 도행이 없지만 산실절에 거주하는 사람에게는

모든 성인들이 이 사람에게 환희심을 내신다.

雖有才智　居邑家者
수 유 재 지　거 읍 가 자

諸佛　是人　生悲憂心
제 불　시 인　생 비 우 심

設無道行　住山室者
설 무 도 행　주 산 실 자

衆聖　是人　生歡喜心
중 성　시 인　생 환 희 심

지금 산에는 진달래가 한창이다. 산속에서의 생활을 말하는 구절을 원효 스님의 글에서 자주 만나게 된다. 대표적인 대목이 이 내용이지 않을까 싶다. 모든 부처님이 안쓰러워하는 마음을 내고 모든 성인들이 환희심을 내는 차이는 지혜와 도행의 유무가 아니라 단지 산에 사는 것만으로 환희심을 내는 일이라고 하니 산중 절에 사는 사람으로서 이보다 쉽고 좋을 수 없다. 그러나 산속에서의 수행과 다르게 산속 절의 주지는 어려움만 가득하다는 생각을 많이 하고 산다. 수도가 애먹이지 않으면 전기가 나가고 바람이 불고 비가 오면 산길이 패일까 걱정하는 것이 산속 주지의 다반사이니 산은 분명 수행하는 곳이 맞다.

부처님 당시 절을 지어 보시하고자 한 빔비사라왕이 생각했던 조건은 '낮에도 사람들과 섞이지 않고 밤에도 시끄러운 소리가 수행을 방해하지 않는 곳이어야 적당하다. 그렇다고 너무 먼 곳도 좋지 않다. 부처님을 뵈려는 이들, 법을 들으려는 이들이 쉽게 갈 수 있는 곳'이었다. 이 조건에 맞춰 지은 곳이 '죽림정사'였다. 이런 조건들이 수행하기에 좋은 곳인 것 같은데, 원효 스님은 유독 산속의 수행을 강조하고 있다. 『금강경오가해』에서 함허 스님은 야보 스님의 송에 설의를 하면서 다음과 같이 말한다.

"재주 없는 사람이 천하에 행세하면 발길 닿는 곳마다 더불어 말할 사람이 없으리니 그 궁색함을 가히 알 수 있고, 재주 있는 사람이 천하에 행세하면 어디를 가더라도 스스로 얻으리니 그 즐거움을 가히 말할 수 없다. 지혜의 눈을 갖추지 않은 사람이 망령되이 공부해서 행한다면 행동 행동에 집착이 있어서 도道와의 거리가 더욱 멀어질 것이요, 지혜의 눈을 갖춘 사람이 수행의 바다에 들어가면 마음 마음이 청정하여 똑바로 반야의 본지本地와 더불어 상응할 것이니, 이미 본지와 더불어 상응한다면 온갖 덕용德用과 무량한 묘의妙義가 원래 스스로 구족하여 다른 것으로부터 얻은 것이 아니리라."

이처럼 불교는 지혜의 종교라 재주, 지혜, 도의 실천 등을 중히 여긴다. 거처가 어디든 중요치 않다. 언뜻 원효 스님께서 산에 사는 것이 '뭇 성인들이 환희심을 낼' 정도라고 하신 말씀은 이해하기 힘든 부분이다. 신라 시대의 절들이 모두 도심에 지어져 있는 입지와 다르게, 수행하기에 좋은 조건을 갖춘 곳은 산이었기 때문일 것이다. 사실 스님 자신은 지혜 있는 자라면 어디에 거처를 정하든 큰 상관이 없다는 것을 몸소 보여 주셨다. 당신도 후에 도심에서 무애박을 두드리셨듯이 말이다. 이는 어찌 보면 원효 스님의 처절한 자기 고백인지도 모를 일이다. 수행이 무르익어 가더라도 세속보다는 산속 절에서의 수행을 통해 완성해 나가야 한다는 것을 강조하고 있는 말이다.

오늘날 많은 스님들이 대중생활을 접고 '토굴'로 들어가고 있다. 그것이 바른 수행처를 찾아 들어가는 것인지, 아닌지를 비추어 보아야겠다. 원효 스님의 말씀은 세속적인 굴레를 벗어나고자 출가했으나 속된 마음을 버리지 않았다면 출가라 이름 지어진 '속가'에서 살고 있는 우리의 모습에 경책을 내리고 있는 것이 아닌가 하는 생각이다.

불교의 기초는 지계

비록 재주와 학식이 있다 하더라도

계행이 없는 사람은

마치 보배가 있는 곳으로 인도해 주어도

일어나 가지 않는 것과 같고

雖有才學　無戒行者
수 유 재 학　무 계 행 자

如寶所導而不起行
여 보 소 도 이 불 기 행

재주와 학식을 가지고 있으나 도덕적인 자질을 갖추고 있지 못한 사람, 어찌 보면 현대를 살아가는 많은 사람들의 모습이다. 그런 연고로 이 세상에서 사회 지도층이 되고자 하는 사람들이 명심해서 본받아야 할 구절이다. 사회적으로 아주 뛰어난 학식을 가지고 있으면서도 도덕성의 문제로 패망해 간 사람들을 우리는 역사 속에서 수없이 많이 봐 왔다. 지금의 시대에는 그러한 경우들을 더욱더 많이 보는 것이 사실이다. 물론 스님들도 마찬가지이다.

이 구절은 스님들에게는 계율을 잘 지키고 실천하는 지계 정신이 투철해야 할 것을 말하고 있다. 열심히 수행하고도 계율의 문제로 인해서 승가를 떠나는 경우가 종종 있기 때문이다. 스님들에게는 지계 정신이, 사회적으로는 도덕성이 더욱더 강조되는 시대가 되었다. 승가나 재가나 이 엄격한 잣대는 똑같이 적용되는 일인 것 같다.

앞의 단락에서는 지혜가 있더라도 산에 살지 않고 도시에 산다면 모든 부처님이 슬퍼하신다 했는데, 여기서는 수행자의 근본인 계율을 잘 지키지 못하면 아무리 재주와 학식이 뛰어나더라도 올바른 수행자가 될 수 없음을 밝히고 있다. 이를 계행이 없는 자는 보배가 있는 곳으로 인도해 주어도 일어나 가지 않는 것과 같다는 비유로 말한다.

　보배는 누구나 좋아한다. 그 보배가 있는 곳의 지도를 펴 주고, 위치까지 짚어 주고 안내해 주는데 바보처럼 가지 않고 머뭇거리는 형국이다. 점 하나 찍혀 있는 지도 한 장을 들고 서도 온갖 역경을 물리치며 보물을 찾아 나서는 영화 속 이야 기와는 정반대다. 보배가 어디에 있겠다는 생각만 해도 어려 움을 무릅쓰고 보배를 찾아 나서는 그런 사람이 있는가 하면 이와는 반대로 선지식이 정확하게 가르쳐 주어도 계율을 지 니지 않는 자로서는 아무리 학식이 뛰어나도 앞으로 나아가 지 못함을 밝히고 있다.

　지계持戒는 불교를 배우는 기초라고 할 수 있다. 또 최고로 중요한 일이기도 하다. 집을 지을 때 먼저 기초를 굳건히 해 야만 집이 붕괴되지 않는다는 비유를 여러 스님들이 들고 있 는 것을 보아도 계율은 기초로써 모든 불교의 근본이 됨을 알 수 있다.

　『금강경』「정신희유분」에서 부처님께서 수보리에게 "그렇게 말하지 마라. 여래가 입멸한 뒤 오백 년이 지난 후에도 계율을 지키고 복을 닦는 자가 이 법문에 능히 신심을 내어 이것으로써 실다움을 삼을 것이다.”라고 말씀하시는 내용이 나온다. 상근기로 뛰어난 지혜를 지니지 못했더라도 다만 모름지기 계戒를 지키고 복福을 닦는 두 종류의 사람이면 곧 능히 신심을 낸다는 것을 말함으로써 일체 불법이 이 계율을 근본으로 건축되었음을 밝히는 대표적인 말씀이다.

그리고 불조삼경의 하나로 널리 읽혀 온『불유교경』에는 “그러므로 비구들은 마땅히 깨끗한 계戒를 가져 어긋나지 않게 해야 된다. 만약 사람이 계를 가지면 능히 좋은 법을 가질 수 있거니와 만약 계가 없으면 모든 선공덕善功德이 생길 수 없다. 그러므로 계는 가장 편안하게 공덕이 머무는 곳임을 알아야 된다.”고 설하여 계는 훌륭한 공덕을 낳는 근본이 됨을 말하고 있다.

계율을 잘 지키지 못하고 그저 절만 지키는 주지 소임에만 머물러 사는 나로서는, 봄이 오는 길목에 다시 한 번 계율의 중요성을 되새기게 되는 원효 스님의 말씀이다.

부지런함과 지혜는 새의 양 날개

비록 부지런히 수행하더라도 지혜가 없는 사람은

동쪽으로 가고자 하면서 서쪽을 향해 가는 것과 같다.

지혜를 갖추고 있는 사람이 수행하는 것은

쌀을 쪄서 밥을 짓는 것과 같고,

지혜가 없는 사람이 수행하는 것은

모래를 쪄서 밥을 짓는 것과 같다.

雖有勤行　無智慧者
수 유 근 행　무 지 혜 자

欲往東方而向西行
욕 왕 동 방 이 향 서 행

有智人　所行　蒸米作飯
유 지 인　소 행　증 미 작 반

無智人　所行　蒸沙作飯
무 지 인　소 행　증 사 작 반

앞에서 '재주와 학식이 있으나 계행이 없는 자'에 관해 이어지는 대구對句이다. 부지런함을 갖추고 열심히 수행하나 지혜가 없이 방향을 잘못 잡아 수행하는 병폐를 말하고 있다. 세상에서 중요한 덕목으로 삼는 것 중의 하나가 성실함이다. 부지런히 노력하는 것은 무엇보다도 아름다운 일이다. 성실함이 바탕이 되지 않고 이룰 수 있는 일은 많지 않다. 그러나 이 성실함을 발휘하기 전에 그 바탕으로 삼아야 할 것이 바로 '지혜'이다.

이 구절에서는 지혜를 강조하다 보니 부지런함을 도외시하는 것처럼 여겨지지만, 지혜가 아무리 뛰어나도 부지런함을 갖추지 않으면 이 또한 비난의 대상이 된다. 다시 말해 새의 양 날개와 같이 재주와 학식 그리고 계행, 부지런함과 지혜 이는 동시에 갖추어 가야 할 덕목인 것이다. 어느 것 하나 소홀히 하면 한 쪽 날개가 꺾인 새처럼 자유롭게 날 수 없다.

봄이 와서 묵혀 놓은 빈 밭에 감자를 심고 채소를 심어 볼까 하고 기도 스님과 둘이서 퇴비를 밭 위에 뿌리는 작업을 했다. 그런데 어릴 적 어깨너머 보았던 농사에 대한 얄팍한

지식으로 퇴비를 뿌려 놓으니, 농사를 잘 아는 여러 사람이 오며 가며 조언을 한다. 먼저 풀을 제거하고 밭에 퇴비를 뿌려야 할 텐데 순서가 잘못되었단다. 부지런을 떨었으나 제대로 된 지식이 없으니, 닭똥 냄새만 실컷 맡고 일은 엉망이 되었다. 어쩔 수 없이 고생은 몇 배로 늘었다. 이건 사소한 일에 불과하지만 수행이나 더 큰 생사 대사의 일들은 말해 무엇 하겠는가. 지혜가 있어 순서를 잘 알고 부지런하게 나아가야만 두 번 일하지 않고 좋은 방향으로 결과를 맺을 수 있지 않을까.

유태교 신비주의자인 랍비 주시아는 도둑에게서도 일곱 가지를 배울 수 있다고 했는데 그중 하나가 "그는 밤 늦도록까지 일한다. 그는 자신이 목표한 일을 하룻밤에 끝내지 못하면 다음 날 밤에 또다시 도전한다."는 내용이다.

이 글을 읽고 한참 동안 무엇을 배울 수 있는가를 생각해 봤다. 불교의 육바라밀에서의 정진을 이야기하는 것인가? 그러나 이 도둑에게는 반야바라밀이 없기 때문에 한낱 올바르지 않은 행동을 한 '도둑'에 불과하다. 도둑의 일처럼 많은 일들이 지혜, 즉 반야바라밀이 바탕이 되지 않으면 헛된 일, 나쁜 일이 된다. 하물며 인생을 걸고 하는 수행이라는 더 큰 일은 말할 필요도 없다.

동쪽으로 가고자 하나 서쪽으로 향하고 있는 자신의 모습을 상상하면 우리는 망연자실할 수밖에 없다. 그리고 뒤에 이어지는 비유처럼 우리가 모래를 쪄서 밥을 지으려는 마음을 조금이라도 가진다면 스스로를 심하게 질책하며 어리석음을 꾸짖을 것이다.

증미작반蒸米作飯, 증사작반蒸沙作飯의 비유는 저절로 이루어지는 일과 아무리 노력해도 되지 않는 대표적인 일들을 비유한 것이다. 무슨 일이든 하려고 할 때, 지혜가 있음과 없음에 얼마나 크나큰 차이가 있는가를 설명하고 있다.

행과 지혜, 자리와 이타

모두가 밥을 먹어서 주린 창자를 달랠 줄은 알면서도,

부처님의 법을 배워 그 어리석은 마음을

고쳐야 된다는 것은 알지 못하고 있다.

계행과 지혜를 함께 갖추는 것은

마치 수레의 두 바퀴와 같고,

자리행과 이타행을 동시에 갖추는 것은

마치 새의 양 날개와 같다.

共知喫食而慰飢腸　不知學法而改癡心
공 지 끽 식 이 위 기 장　부 지 학 법 이 개 치 심

行智具備　如車二輪　自利利他　如鳥兩翼
행 지 구 비　여 거 이 륜　자 리 이 타　여 조 양 익

날이 따뜻해서 방문을 열어 놓고 책을 펴고 있으니 예불 드리는 동안 나무에서 지저귀던 새 한 마리가 방으로 들어와서는 퍼덕이며 다시 나갈 줄을 모른다. 반대편으로 난 유리창에 부딪쳐 괴로워하는 것을 보고 방충망까지 열어서 나가게 해도 나갈 줄을 모른다. 겁먹고 구석에 쪼그려 앉아 있는 모습이 안타까워 불을 끄고 밖에 나갔다 왔다. 크게 소리를 질러도 퍼덕이는 소리가 없으니, 나간 것이 분명해 참 다행이라는 생각이 든다.

강원의 사집반에서 배운 『선요禪要』의 발문跋文에 있는 이야기가 생각난다. 신찬神贊 스님과 그의 스승 계현戒賢 스님의 이야기이다. 계현 스님이 창문가에 앉아서 경전을 읽고 있는데 마침 벌이 한 마리 들어와서는 열린 문으로 나가지 않고, 창문을 뚫고 계속 나가려 했다. 이를 보고 신찬 스님이 스승이 경전 읽는 것을 벌이 창문을 두드리는 것에 빗대어 "백년 동안 헌 종이를 아무리 뚫어봐야 언제 성불하겠느냐?"라고 했다는 일화이다.

어리석은 마음을 바꾸려고 노력하지 않고 배고플 때 밥만 찾을 줄 안다면 헌 종이를 뚫는 벌이나 유리창에 부딪치는 새처럼 되지 않을까 하는 생각이 든다. 하지만 선사들은 배고플 때 밥 먹는 것, 평상심에 도가 있음을 말한다. 마조도일 스님은 '평상심시도平常心是道' 즉 '평상심이 도'라고 했고, 또 '도불용수道不用修' 즉 도道는 수행을 필요로 하는 것이 아니라고 말했다. 물론 거기에는 오염되어 있지 않아야 한다는 전제 조건이 붙지만 평상의 마음이 얼마나 중요한가를 밝히고 있다.

임제 스님도 "여러분! 불법佛法은 공용功用이 있는 것이 아니다. 다만 평상시平常時에 무사無事한 것이다. 옷을 입고, 밥을 먹으며, 대소변을 보고, 피곤하면 자리에 눕는 것이다." 라고 하며 도道가 기특한 것을 구하는 것이 아님을 말하고 있다.

어찌 보면 도는 수행을 필요로 하지 않는다는 선사들의 말은 원효 스님과 상충된다. 하지만 여기서 고쳐 나가야 할 것은 탐진치 삼독을 변화시켜 나가는 것임을 알아야 한다. 마조 스님이나 임제 스님의 말씀처럼 오염되지 않은 평상심으로 살아갈 수 있으면 좋으련만, 대부분의 사람들은 마음에 낀 때가 적지 않다. 원효 스님은 무명의 작용으로 더러워진 마음을 고쳐야 함을 설파하고 있다.

다음은 행과 지혜의 구비, 자리와 이타의 동시 실천을 강조하고 있다. 수행에 있어서 자리自利 즉 스스로를 이익되게 하는 수행과 이타利他, 다른 이들을 이익되게 하는 행동이 어느 것 하나 빠질 수 없다는 것을 새와 수레의 절묘한 비유로 밝히고 있는 것이다. 새는 좌우의 날개가 있어야 날 수 있다. 새가 창문을 뚫고 길 없는 길을 자유롭게 날듯이 우리들도 배고픔만 달랠 줄 아는 것이 아니라 더 깊이 우리들 속에 침투해 있는 어리석음을 변화시켜 나가야 한다. 행동과 지혜, 그리고 자리이타를 수레의 두 바퀴, 새의 양 날개와 같이 조화롭게 굴릴 줄 알아야 한다.

열린 창문으로 나간 새가 지금 이 시간, 자유롭게 허공을 훨훨 날고 아름답게 노래하고 있길 바란다.

왜 탁발이 부끄러웠을까?

죽을 얻어 축원하면서 그 뜻을 이해하지 못한다면
시주들에게 부끄럽지 않겠는가.
밥을 얻고 염불하되 그 뜻을 통달하지 못하면
또한 성현들에게 부끄러워해야 되지 않겠는가.
사람들이 구더기가 깨끗한 것과 더러운 것을
가리지 못하는 것을 싫어하는 것처럼,
성현들도 사문이 깨끗한 것과 더러운 것을
가리지 못하는 것을 미워하신다.

得粥祝願　不解其意　亦不檀越　應羞恥乎
득죽축원　불해기의　역불단월　응수치호

得食唱唄　不達其趣　亦不賢聖　應慚愧乎
득식창패　부달기취　역불현성　응참괴호

人惡尾蟲　不辨淨穢　聖僧沙門　不辨淨穢
인오미충　불변정예　성중사문　불변정예

머리를 깎고 강원에서 강사로 학인 스님들과 어울려 지낼 때는 법당에서 축원하는 일이 왠지 어설프고 남의 일처럼 느껴졌는데 주지 소임을 맡고 보니 축원하는 일이 일상이 되었다. 이제까지 축원하지 못한 것을 한꺼번에 숙제처럼 해결하고 있는 것 같다.

여기서 죽을 얻는다는 것은 탁발을 말한다. 현대의 조계종 스님들은 행하고 있지 않지만 미얀마와 태국에서는 여전히 이어지고 있다. 탁발은 수행자의 간소한 생활을 표방하는 동시에 아집과 아만을 버리게 한다. 또한 신도들은 복을 지을 수 있는 인연이 된다. 음식을 받은 스님은 반드시 신도를 위해 축원을 해야 하는데 여기서 그 의미를 모르고 하면 부끄러운 일이 된다.

스님을 비구比丘라고 한다. 이는 산스크리트어 'bhikkhu'의 음역으로 걸사乞士라는 뜻인데 다시 말해 걸식하는 사람이라는 뜻이다. 일체의 소유물을 갖지 않고 탁발에 의해서 생활하는 수행자이다. 그래서 비구라는 의미 속에는 걸식을 해서 먹거리를 해결한다는 의미가 있다.

조계종의 소의경전인『금강경』은 탁발하는 부처님과 제자들의 모습으로부터 시작하고 있다. 이는 일상적인 탁발이 얼마나 중요한가를 단적으로 보여 준다. 가사를 수하고 탁발을 위해 번뇌의 세상 속으로 달려가는 것은 중생과 함께하는 것이다. 부처님이 부처의 상相에도 매이지 않고 많은 대중들과 함께하는 모습이 바로『금강경』의 첫 장면인 것이다.

탁발은 많은 의미를 가지고 있다. 우선 아만我慢을 항복 받는다는 뜻을 가지고 있다. 우리를 중생으로 만들고 있는 아만을 꺾어 버리는 데는 이것만큼 좋은 것이 없다. 그리고 일반인들과 접촉의 폭을 넓혀 나가서 중생들로 하여금 복전에 씨앗을 심게 하는 의미를 가지고 있다. 간혹 사람들이 절에 와서도 스님 한 번 만나 보기 어렵다는 말을 하는데, 탁발은 찾아가는 서비스로 대중들이 직접 복밭을 일구게 하는 적극적인 포교의 의미도 가지고 있다.

동화사에서 강주 소임을 맡고 있을 때, 대구 서문시장에서 탁발하는 의식에 참가한 적이 있다. 처음에는 주지 스님 뒤를 따라갔는데 스님이 잠시 자리를 비운 사이 탁발 행렬의 제일 앞에 서게 되었다. 왠지 모를 부끄러움이 앞서 고개를 푹 숙이고 탁발 행사를 겨우 마쳤다. 전에 미얀마에서도 탁발을 경험한 적이 있다. 동국대 교수 호진 스님을 따라 미얀마 명상센터를 잠시 경험하면서 탁발 행렬에 동참한 것이다. 그땐 그저 당연히 행하는 일인가 보다 싶어 좋은 경험으로 남았는데 우리나라에서의 탁발이 부끄러웠던 이유는 무엇인지 아직도 알 수가 없다. 지금은 부끄러워했던 일이 더 부끄러워질 뿐이다.

주지 소임을 맡으니 매일 불공을 드리고 축원을 하게 되고 모르는 의미들을 하나씩 찾아가고 있다. 이제까지 절에 살며 사시불공을 드리지 못했던 숙제를 한다. 강의와 불공의 조화, 수행과 신도님을 위한 축원, 그리고 밥의 중요성에 대해 다시 한 번 생각해 본다.

복을 생산하는 밭

세간의 시끄러움을 버리고

허공을 타고 하늘로 오르는 데에는

계戒가 훌륭한 사다리가 되나니,

계를 파하고 다른 이의 복전이 되려 함은

마치 날개 꺾인 새가

거북이를 짊어지고 하늘을 날려는 것과 같다.

棄世間喧　乘空天上　戒爲善梯
기 세 간 훤　승 공 천 상　계 위 선 제

是故　破戒　爲他福田　如折翼鳥　負龜翔空
시 고　파 계　위 타 복 전　여 절 익 조　부 귀 상 공 세상 어디를 가나 시끄럽지 않은 곳이 없다. 번화한 도심뿐만 아니라 이곳 산사도 여전히 시끄럽다. 특히 여러 문제를 해결하며 살아야 하는 나 같은 초보 주지에게는 마음이 번다한 일도 적지 않다.

코로나바이러스감염증에 지친 사람들이 산을 찾다 보니, 아침에는 새소리보다 사람 소리가 먼저 들린다. 또 해가 지면 삼삼오오 공원에 모여 수다 떠는 사람들의 소리까지 더해져 이곳은 산속이 아니라 도심의 한 곳처럼 느껴진다. 그런데 이런 소리는 귀를 막거나 더 큰 소리로 잠재울 수 있다. 원효 스님이 말하는 '소리'는 세상의 분주함을 피하는 것이 아닌, 마음속의 번다한 생각들을 고요히 하는 것을 말한다. 세속의 번잡한 일이든, 마음의 시끄러움이든 막론하고 모름지기 계율을 굳게 지킴으로써 마음의 평화와 깨달음에 한층 더 가까이 갈 수 있다는 점을 말하고 있다.

원효 스님은 『범망경보살계본사기梵網經菩薩戒本私記』에서 계에 대해 상세히 설명하고 있다. 일반적으로 대승의 보살이 받아 지녀야 할 계율로는 삼취정계를 들 수 있다. 삼취정계는 섭율의계攝律儀戒·섭선법계攝善法戒·섭중생계攝衆生戒를 말한다.

섭율의계는 5계·10계·250계 등 일정하게 제정된 여러 가지 계율로 악을 방지하기 위해 제정된 것으로 이를 굳게 지켜 마음의 안정을 찾는 것을 말한다. 섭선법계는 선한 것이라면 모두 행한다는 적극적인 의미의 계율이다. 섭중생계는 일체의 중생에게 이익을 베푸는 것을 말한다. 이 셋은 보다 적극적이고 능동적인 계율로 초기불교의 계율까지도 포용하고 있다고 할 수 있다.

원효 스님은 "삼취정계를 다 갖추면 무상보리無上菩提의 열매를 감득할 수 있고, 이 삼취정계야말로 불사약인 감로甘露"라고 했다. 이를 적극적이고 능동적으로 실천함으로써 시끄러움을 떠나 깨달음의 세계에 오를 수 있음을 말한 것이다.

계율을 파하고 다른 사람의 복전이 되고자 하는 것은 모래를 쪄서 밥을 지으려는 것과 같고, 여기에서 비유하듯 날개 꺾인 새가 하늘을 나는 것과 같다. 게다가 무거운 거북이를 등에 짊어지고 날아오르려는 것이라는 비유를 들어 불가능함을 밝히고 있다.

복전福田은 말 그대로 복을 생산하는 밭이다. 복을 얻을 수 있는 밭과 같은 역할을 한다고 해서 스님들이 입는 가사를 '복전의'라고도 한다. 이 복밭은 계율을 파하고는 될 수 없다. 미얀마 같은 곳에서는 계율을 파한 자는 탁발을 나가도 밥을 얻을 수 없다 하니 밥조차 얻지 못하는데 인천의 복밭이 될 수 없는 것은 당연한 일일 것이다.

『금강경』「제6 정신희유분」에 보면 "세존이시여! 많은 중생들이 이와 같은 부처님의 설법을 듣고 실다운 믿음을 내는 사람이 있겠습니까?"라는 수보리의 질문에 "후오백세後五百歲에 계戒를 지니고 복福을 닦는 자가 있어 이 문장 구절에 능히 신심信心을 낸다."고 답하고 있다.

계戒를 지키고 복福을 닦는 것은 깨달음을 향해 가는 문이다.

공양의 자격

자신의 죄를 벗어나지 못하면

다른 이의 죄를 대신 갚아 줄 수가 없다.

그러니 어찌 수행을 지킴이 없이

다른 사람의 시주를 받을 수 있겠는가.

自罪 未脫 他罪 不贖
자 죄 미 탈 타 죄 불 속

然 豈無戒行 受他供給
연 기 무 계 행 수 타 공 급

앞의 내용에 이어지는 글이다. 자기 자신을 깨끗이 하고 나서야 공양을 떳떳하게 받을 수 있음을 밝힌다. 우리나라 불교를 흔히 대승불교라고 한다. 여기에는 자기의 깨달음과 중생구제 두 측면에 있어서 어느 것을 우선시하느냐는 것을 기준으로 둔다. 그런 측면에서 대승불교는 이타적인 보살의 불교라 말한다.

자기의 깨달음과 중생구제, 이 둘은 어느 것이 우선이 아니라 함께 나란히 가야 한다. 그러나 자기가 허물을 잔뜩 뒤집어쓰고 있으면서 다른 이들을 자유롭게 해 줄 수는 없다. 제 자신은 허물을 뒤집어쓰고 국민의 행복한 생활을 보장해 준다고 말하는 정치인과 같다.

예전에 나이 어린 스님이 방에서 다람쥐를 키우는 모습을 본 적이 있다. 다람쥐를 보며 장난친다고 유리 상자를 툭 치면 제 나름대로는 숨는다고 하는 행동이 톱밥에 머리를 처박는 것이 전부였다. 엉덩이와 몸통은 그대로 보이는데 자기의 모습을 아무도 볼 수 없을 것이라는 착각에 빠져 한참이나 머리를 박고 있다가는 주변이 조용해지면 머리를 들고 두리번거렸다.

요즘 정치인들의 허물을 보면 다람쥐 수준이다. 자기 허물을 시치미 떼고 고개만 숙이고서는 남들이 정말로 모르리라 착각하는 것 같다. 불쌍하고 애처로운 일이지만 어떤 때는 정치인 내공이 이 정도는 되어야 하지 않을까 하는 씁쓸한 생각도 든다.

정치인들과 비할 수는 없지만 수행자 역시 이를 경계해야 한다. 발심하고 수행하려 한 걸음 내디딘 우리들에게도 어찌 허물이 없을 수 있겠는가. 하지만 끊임없이 허물을 털어 내는 모습을 보여야만 다른 이들의 허물도 벗겨 내고 자유로운 삶을 사는 데도 기여할 수 있다.

수행자는 자신의 깨달음을 향해 나아가지만 동시에 많은 대중들의 삶에 행복과 평안을 주고자 노력해야만 한다. 이런 노력을 하기 때문에 수행자가 신도들로부터 공양을 받을 수 있는 자격이 주어지는 것이다. 아무런 노력 없이 공양물을 탐해도 안 되고 하늘에서 공양물이 떨어지리라 기대해서도 안 된다. 이는 원효 스님이 누차 강조하고 있는 말로 밥을 빌어먹는 데 있어 필수인 임무를 설하고 있다고 할 수 있다. 보시의 대전제로 삼륜이 청정해야 한다고 말한다. 보시하는 사람이 청정하고, 보시하는 물품이 청정하며, 보시 받는 사람이 청정해야 한다는 말이다. 이 삼륜이 청정해야 하는데 계행이 없이 보시 받는 자의 청정을 논할 수는 없다.

여러 논사들이 공양을 분류하기를 사공양事供養과 법공양法供養 둘로 나누어 말하고 있다. 사공양事供養은 향, 꽃, 영락, 가루향, 바르는 향, 태우는 향, 번개, 의복, 기악, 합장 예배하는 것을 말한다. 법공양法供養은 법과 같이 수행하고 중생을 이익되게 하며, 중생을 섭수하고, 내지 보살업을 버리지 않고, 보리심을 버리지 않는 것이다.

「보현행원품」에 이르기를, "십종대원을 외우는 자는 세간을 행行함에 장애가 없다. 마치 공중의 달이 구름의 가림을 걷어 내는 것과 같다. 제불보살이 칭찬하는 바는 일체의 사람과 하늘 존재들이 다 응당히 예경해야 하며 일체중생이 다 응당히 공양해야 한다."고 했다. 이를 보면 공양을 받을 수 있는 자격이 얼마나 무겁고 큰지 알 수 있다. 하물며 계행 없이 받으려고만 하는 것은 도둑과 무엇이 다르겠는가.

무상의 진리

수행 없는 헛된 몸은 먹여 길러도 아무런 이익이 없다.

무상하게 뜬 목숨은 사랑하고 아껴도 끝내 보호할 수가 없다.

용과 코끼리의 부처님의 덕을 바라보면서

긴 고통을 잘 참아 내고

부처님의 법좌에 오르기를 기약하면서

영원히 욕락을 등질지어다.

無行空身　養無利益
무 행 공 신　양 무 이 익

無常浮命　愛惜不保
무 상 부 명　애 석 불 보

望龍象德　能忍長苦
망 용 상 덕　능 인 장 고

期獅子座　永背欲樂
기 사 자 좌　영 배 욕 락

무의미하게 하루를 소비한 날에는 저녁이 되면 후회가 밀려온다. "수행 없는 헛된 몸은 먹여 길러도 아무런 이익이 없다."는 이 말은 그저 밥 먹기 위해 하루하루의 일과를 보낸 것 같다는 생각이 들 때마다 절로 떠오르는 말씀이다. 아무런 수행도, 마음 닦음도 없이 하루를 밥만 축내고 사는 것은 유한한 삶을 헛되이 보내는 것이다.

불교를 처음 접할 때 우리가 배우게 되는 것이 삼법인 가운데 하나인 제행무상이다. 일체의 중생과 만 가지의 형상과 거동은 모두 무상無常에 속하여 생멸을 여읠 수 없다.

이 진리는 젊을 때는 이해하기 힘든 측면이 있었지만 나이가 들고 주변의 변해 가는 삶, 죽어 가는 우리의 이웃들을 보면서 조금씩은 더 와닿는다. 모든 것은 변할 수밖에 없다는 것을 알고 가슴 깊이 새긴다면 그 어떤 변화에도 놀라거나 두려움이 없다. 그러나 나만은, 또 내가 아끼는 소중한 것은 예외일 것이라는 헛된 믿음을 가지곤 한다. 일명 '나만 아니면 돼'라는 마음가짐이다. 꽃이 지는 모습만 봐도 계절이 변함을 느끼면서도, 자기의 흰머리는 인정하기 싫다. 자신을 무상의 진리에 편입시키기란 매우 어렵고 억울한 일이다.

이 진리를 받아들이는 것은 워낙에 어려운 일이라, 수행자들이 좌우명처럼 지니고 다녔다는 '납자십게納子十偈'에서도 강조한다.

"한 조각 작은 달이 차가운 숲 시다림을 비추고, 수 줄기의 백골은 쑥대에 흩어져, 옛날의 풍류는 지금 어디에 있는가. 공연히 지옥의 고통을 천천히 깊게 했도다."

무상을 철저하게 자각하기 위한 경책이다.

『법화경』에서도 "중생의 세계는 마치 불타는 집과 같아서 평안치 못하여 불안, 근심, 걱정과 초조, 두려움, 공포 속에 살고 있다."는 비유를 들어 무상을 밝히고 있다. 임제 스님도 법문에서 "대덕 여러분! 중생 세계인 삼계三界는 불안한 곳이며 마치 불타는 집과 같다. 이곳은 그대들이 오래 머물며 살 곳이 못 된다. 무상無常이라는 사람을 죽이는 귀신[殺鬼]은 한 찰나 사이도 멈춤 없이 귀인이나 천민, 혹은 늙은이나 어린애를 가리지 않고 생명을 빼앗아 간다."고 하여 무상살귀無常殺鬼에 대해 말하고 있는 것을 볼 수 있다.

원효 스님의 이 말씀은 마치 안수정등岸樹井藤, 다가오는 죽음 앞에서도 오욕락의 꿀 한 방울에 목을 매는 현실에 대한 비유를 닮아 있다. 아무리 꿀을 먹으며 목숨을 부지하더라도 무상살귀 앞에서 허무하게 죽어 갈 수밖에 없는 이 현실을 타파하는 데는 오직 수행밖에 없음을 말하고 있는 것이다.

깨달음에 대한 굳은 믿음으로 고통을 참고 욕락을 버려야만, 작금의 현실을 타파할 수 있다. 수행 없는 헛된 몸은 아무리 먹여도 헛된 일이다. 살만 찔 뿐이다. 아무리 사랑하는 연인이라도 언젠가는 떠나고, 죽음은 아무리 영원한 사랑도 끝내 버린다. 무상의 진리를 자각하는 방법은 욕락을 등지고 수행하는 수밖에 없다는 결론이다.

육체는 새벽이슬과 같아서

수행자의 마음이 깨끗하면 모든 천신들이 함께 칭찬하고,

수도하는 사람이 색을 그리워하면

모든 선신들이 버리고 떠난다.

사대 지수화풍은 홀연히 흩어지는 것이라

오랫동안 머물도록 보호할 수 없으니

오늘도 저녁인가 하면 아침이 어느새 닥쳐온다.

行者心淨　諸天　共讚
행 자 심 정　제 천　공 찬

道人　戀色　善神　捨離
도 인　연 색　선 신　사 리

四大忽散　不保久住
사 대 홀 산　불 보 구 주

今日夕矣　頗行朝哉
금 일 석 의　파 행 조 재

봄이 오고 여러 가지 꽃들이 만발했다가 지고는 또 다른 꽃들이 그 자리를 대신한다. "내가 이 봄을 몇 번이나 볼 수 있을까?" 하고 되뇌던 어떤 비구 스님이 생각난다. 나 역시 꽃 피고 지는 몇 번의 봄을 볼 수 있을 것인가를 곰곰이 헤아려 본다.

도량 내에 수국을 비롯해 이름 없는 들꽃 등 여러 가지 꽃을 심어 놓았다. 그래서 아침 기도가 끝나면 꽃에 물을 주는 것이 하루 일과의 시작이 되었다. 꽃밭에 물을 주면서 문득 이것이 수행자에게 허물이 되지는 않는가 하는 생각이 들 때가 있다. "꽃향기도 훔치지 마라."는 어느 스님의 책 제목이 있다. 꽃의 향기조차도 조심해서 맡으며, 훔치지 말아야 한다는데 세속의 온갖 경계와 여색인들 말해 무엇 하겠는가.

나 역시 세상 속을 살아가는 일원이고, 또 소임을 맡다 보면 신도님과 접할 기회가 많다. 그중에서도 여성 신도님과 대면할 일이 많은데, 이때 행동에 각별히 주의를 기울여야 한다. 별생각 없이 가볍게 하는 행동이 도에도 전혀 도움이 되지 않을 뿐만 아니라 사회적 지탄의 대상이 되기도 하니 더욱

더 주의해야 한다는 생각이 든다. 근래에는 사회적으로 성性에 관한 얘기들이 많이 이슈화되고 있으므로 작금의 현실과도 맞는 말씀이다.

『사십이장경』에서는 재물과 색의 해악, 색에 대한 관찰, 음욕을 사라지게 하는 방법 등에 대해 자세히 밝히고 있다. "삼가 여색을 보지 말며, 또한 함께 말하지 말라. 만약 더불어 말하게 되면 바른 마음으로 생각하되, '나는 사문이 되어서 탁한 세상에 처하여 있더라도, 마땅히 연꽃이 더러운 진흙에 물들지 않는 것과 같아야 한다'고 생각하라. 나이 많은 여인은 어머니같이 생각하고, 손위가 되는 여인은 누님같이 생각하며, 나이가 적은 이는 누이동생처럼 생각하며, 어린이는 딸처럼 생각하여 제도할 마음을 내면 악한 생각은 사라질 것이니라."라고 하여 우리가 일상에서 여인을 대할 때의 마음가짐을 말하고 있다.

육체인 색신은 지수화풍地水火風이라는 사대四大의 화합으로 이루어진 것이기 때문에 시절인연이 다하면 반드시 부서지고 파괴되는 것임을 밝힘으로써 더 늙기 전에 수행해야 함을 밝히는 내용이 이어진다. 이는 위산대원 선사 경책에서

"비록 사대가 이 몸을 부지하여 나가지만 항상 서로 어기고 등지는 까닭에 무상하게 늙고 병들어 가는 것이 사람과 더불어 기약하지 못하고 아침에 있다가도 저녁이면 없어지니 찰나에 세상을 달리하게 된다. 비유하면 마치 봄날의 서리나 새벽의 이슬과도 같아서 잠깐 사이에 곧 사라지니, 안수정등이라. 어찌 오래 갈 수 있겠는가. 찰나 찰나가 신속하여 한순간에 숨을 돌리면 곧 내생來生인데 어찌 편안히 있으면서 헛되게 지낼 수 있겠는가."라고 전한다.

가는 세월 속에 헛되이 사대가 흩어진다. 향기는 금세 사라지고 꽃도 자취를 감춰 버린다. 그렇다면 우리는 이 사대를 어떻게 능숙하게 활용하며 수행해야 할까. 오늘 가르침에는 그 답이 있다.

소욕지족少欲知足의 삶

세상의 즐거움은 뒤에는 고통이거늘

어찌 탐하고 집착할 것이며,

한 번 인욕하는 것이 오래도록 즐거움이 되는데

어찌 수행하지 않을 수 있으리오.

도인이 탐욕을 내는 것은 수행자의 수치가 됨이요,

출가한 이가 부를 꾀하는 것은

군자의 비웃음거리가 되는 것이다.

世樂 後苦 何貪着哉
세락 후고 하탐착재

一忍 長樂 何不修哉
일인 장락 하불수재

道人貪 是行者羞恥
도인탐 시행자수치

出家富 是君子所笑
출가부 시군자소소

사람들은 세상에 태어나서 조금이라도 즐거운 것을 누리려고 갖은 애를 쓴다. 요즘 들어 코로나바이러스감염증이라는 공업共業은 사람들에게 그 즐거움을 빼앗고 있다. 그 때문에 서글퍼지고 괴로운 마음이 든다. 여태까지 누리던 소소한 즐거움, 사소한 것들마저 포기해야 하는 세상이 되었으니 어찌 슬프지 않을까. 얼마나 답답했으면 사람들의 눈을 피해, 단속을 피해 즐거움과 쾌락을 누리다가 역병에 걸리기도 하겠는가. 이럴 때 딱 들어맞는 말씀이라는 생각이 든다.

물론 원효 스님의 말씀은 그렇게 단편적인 짧은 순간을 이야기하는 것이 아니다. 윤회하는 후생까지도 포함하는 말씀이다. 코로나 시대에 우리는 많은 일상의 소소한 즐거움을 뒤로하고 인욕하는 삶을 살 수밖에 없는 현실이다. 마스크를 쓰고 염불을 해야 하는 등 고통스럽다면 고통스러움의 연속이지만 '그래도 참고 견디면 언젠가 지나가리라. 방역 수칙을 잘 지키면 우리의 건강을 지킬 수 있으리라.'라는 생각으로 인욕한다면 다시 소소한 일상의 즐거움을 누릴 수 있을 것이다.

인욕은 우리가 닦아 나가야 할 육바라밀 중의 하나이다. 육바라밀 중에 어떤 이들은 보시를 최고의 가치로 여기지만 대주혜해 스님은 『돈오요문』에 "인욕바라밀의 수행이 불도를 닦는 수행의 근본이 된다. 인욕 수행을 위해서는 먼저 아상我相과 인상人相이 없어야 한다. 그러면 어떠한 외부의 경계라도 받아들이지 않게 되니, 그대로가 깨달음의 법신이 된다."고 설하고 있는데 이는 인욕바라밀의 가치를 다른 육바라밀보다 우선시하고 있음을 알 수 있다.

『금강경』에서는 가리왕의 이야기를 들어서 인욕선인 때의 일을 말하고 있다. 인욕선인은 사지가 찢기는 와중에도 아상을 내지 않고 인욕하는 모습을 보이셨다. 『법화경』에서는 석가모니 부처님 과거 인행忍行 시의 상불경보살의 일을 끌어와서 인욕의 일들을 설하고 있다. 상불경보살은 여러 가지 박해를 인욕하면서 모든 이들이 보살행을 하면 성불한다는 것을 믿고 그들을 경멸하지 않고 예배하며 섬긴 보살이다. 상불경이란 '항상 사람을 경멸하지 않는다'는 뜻이다. 그가 한 보살행이란 사람들을 만나면 항상 이렇게 말하는 것이었다. "나는 당신들을 가벼이 여기지 않습니다. 당신들은 모두 부처가 될 분이기 때문입니다." 그런 연유로 때로는 몽둥이나 돌에 맞아 내쫓기기도 하지만 보살은 그들을 향해 예배를 하였다. 이 지극한 이야기를 통해 우리들에게 인욕바라밀의 중요성을 강조하고 있다.

다음에 이어지는 내용은 수행자의 탐욕에 관한 경계의 말씀이다. 세상을 살아가면서 우리는 생존을 위해 많은 것들을 필요로 한다. 편리함을 찾을수록 필요한 것은 더 많아진다. 그러나 모든 것을 완벽하게 갖추고 살 수 있는 사람은 많지 않다. 특히 절집에 들어와 사는 이상 우리들에게 요구되는 것은 적게 가지는 것이다. 그러면서 최고의 만족을 얻을 수 있는 마음, 많은 선사들이 말한 소욕지족少欲知足의 삶을 추구해 나갈 때 우리는 다른 이들의 웃음거리가 되지 않고 스스로도 수치심 없이 떳떳하게 살 수 있을 것이다.

모든 악을 짓지 말고
모든 선을 받들어 행하자 [諸惡莫作 衆善奉行]

막는 말이 다함이 없거늘 탐착을 그치지 않으며,

다음에 하겠다고 미루는 것이 다할 때 없음에도

애욕과 집착을 끊지 못하며,

이 일이 끝이 없거늘 세속의 일을 버리지 않으며,

저 꾀하는 것이 다함이 없거늘

끊을 마음을 일으키지 않음이로다.

遮言 不盡 貪着不已
차 언 부 진   탐 착 불 이

第二無盡 不斷愛着
제 이 무 진   부 단 애 착

此事無限 世事不捨
차 사 무 한   세 사 불 사

彼謀無際 絶心不起
피 모 무 제   절 심 불 기

세상에는 하지 말라고 막는 말이 참 많은 것 같다. 교육적인 측면에서 하지 말라는 것보다 좋은 것을 더욱더 권장하는 것이 올바른 길이라고 하지만 세상은 그렇지 못한 것이 현실이다. 어디로 가나 금지의 말은 등장한다. "담배 피우지 마라. 술 먹지 마라. 잡담하지 마라."는 등 현실의 생활 규칙에서도 막는 말이 많다. 막는 말이 많다는 것은 그만큼 잘 지켜지지 않는다는 의미이기도 하다. 그러니 세상에는 그런 말들이 계속해서 더 늘어날 수밖에 없지 않나 하는 생각도 든다.

일상생활에서와 같이 우리들의 마음을 닦는 데 있어서도 막는 말이 적지 않다. 이도 그만큼 쉽게 잘 실천할 수 없기 때문에 점점 늘어났을 것이다. 경전 곳곳에 등장하는 탐욕 등에 대한 막는 말들이 넘쳐나는데도 많은 중생들이 실천하지 못하고 있으니, 여러 논서에서도 열심히 그 말을 끌어와 해석하고 여러 선사들은 또 우리들에게 경계의 말들을 남겨서 끊임없이 강조하고 있는 것이다.

탐착을 버리는 것에 대한 여러 가지 말씀이 전해 오고 있고, 또한 많은 사람들이 자기 자신에게 적용해서 욕망을 줄일 수 있는 방법에 대해서 다양하게 찾아왔던 것도 사실이다.

　탐착을 버리고 대도를 이룬 대표적인 인물로 방거사를 들수 있다. 방거사는 단하천연 선사와 과거시험을 보러 가다가 마조의 선원인 선불장選佛場으로 가서 참문하여 석두희천 선사의 선법을 이었다. 그리고는 집에 돌아와서 대대로 물려받은 수많은 가보와 재산을 전부 혼연히 보시하고는 오두막집 한 칸에서 지냈다. 그곳에서 처와 딸 영조靈照와 함께 대나무로 조리를 만들어 팔며 청빈하게 살면서 가족이 모두 불법佛法을 깨달았다고 전해진다.

　그 어디에도 탐착하지 않고 깨달음으로 나아가는 모습을 직접 보여 준 대표적인 분이 아닌가 하는 생각이 든다. 또한 우리들에게 많이 전해지는 막는 말과 권하는 말 중에 너무나 쉽게 다가오지만 행하기 어려운 말이 있다. 바로 조과 선사와 백낙천의 대화를 통해 전해지는 이야기로 '일곱 부처님이 공통적으로 말씀하셨다는 게송[七佛通戒偈]'이다.

　"모든 악惡을 짓지 말고, 많은 선善을 받들어 행하라. 스스로 그 뜻을 맑히면 이것이 곧 모든 부처님의 가르침이다."라는 조과 선사의 가르침에 항주의 태수였던 백낙천이 "그건 세 살 먹은 애들도 다 아는 이야기가 아닌가?" 하고 반문하자 조과 선사가 "세 살 먹은 어린애도 다 알지만 팔십 노인도 실천하기 어려우니라."라고 답했다. 이 한마디에 백낙천이 크게 깨쳤다는 이야기다.

모든 일에 있어서 조금이라도 더 쉽게 하는 방법들을 찾아나서는 게 요즘 사람들의 습성이다. 다이어트도 그렇고, 시험을 치는 데도 그렇고 음식도 그렇고 뭐든 단기속성반이 인기가 많은 것 같다. 단기속성은 아니더라도 막는 말 중에 가장 간단하면서 조금은 실천하기 쉬운 말이 '소욕지족少欲知足'이 아닐까 한다.

욕망을 없애는 데 있어서는 단기속성은 절대 통하지 않을 것 같다. 거의 대부분의 사람들이 죽을 때까지 욕망을 놓아버리지 못할 뿐만 아니라 더욱더 공고히 해 나가는 것을 많이 볼 수 있기 때문이다. 그래도 조금이라도 내려놓고 만족을 안다면 부처님과 많은 선사들의 말을 헛되게 하지 않는 일이 될 것이다.

날마다 좋은 날 [日日是好日]

오늘만, 오늘만 하는 것이 다함이 없건만

악惡을 짓는 것이 날로 많아지고

내일, 내일 하는 것이 다함이 없거늘

선善을 행하는 것은 날로 적어지며

올해만, 올해만 하는 것이 다함이 없거늘

업을 짓는 날 허다하며 한없이 번뇌하며

내년에, 내년에 하는 것이 다함이 없거늘

보리에 나아가지 못함이로다.

한 시간 한 시간 옮겨 가서 신속히 하루가 지나가며

하루하루가 옮기고 옮겨 가서 급히 한 달이 지나가며

한 달 한 달이 옮기고 옮겨 가서 홀연히 내년에 이르며

한 해 한 해가 옮기고 옮겨 가서

잠깐 사이에 죽음의 문에 이르니

부서진 수레는 움직일 수가 없고

노인은 제대로 닦을 수가 없다.

누우면 게으른 마음이 생기고

앉아 있으면 어지러운 생각만 일어난다.

今日不盡 造惡日多 明日無盡 作善日少
금 일 부 진 　조 악 일 다 　명 일 무 진 　작 선 일 소

今年不盡 無限煩惱 來年無盡 不進菩提
금 년 부 진 　무 한 번 뇌 　내 년 무 진 　부 진 보 리

時時移移 速經日夜 日日移移 速經月晦
시 시 이 이 　속 경 일 야 　일 일 이 이 　속 경 월 회

月月移移 忽來年至 年年移移 暫到死門
월 월 이 이 　홀 래 년 지 　연 년 이 이 　잠 도 사 문

破車不行 老人不修 臥生懈怠 坐起亂識
파 거 불 행 　노 인 불 수 　와 생 해 태 　좌 기 난 식

시간은 우리가 느끼기도 전에 우리 곁을 훌쩍 지나가 버린다. 올해도 벌써 절반 정도 지났으니, 우리가 느끼지 못하는 사이에 얼마나 빨리 지나간 것인가. 이 구절을 읽다 보면 여러 가지 생각이 많이 든다. 운문문언 스님의 '일일시호일日日是好日, 날마다 좋은 날' 화두가 스친다. 또 안수정등岸樹井藤의 이야기에서 낮과 밤을 상징하는 하얀 쥐와 검은 쥐가 열심히 갉아먹고 있는 우리의 시간들이 생각난다.

'시간'의 중요성에 대한 염관 화상의 이야기를 살펴볼 수 있다. 사중의 일만 보다가 수행하지 못한 염관 화상은 갑자기 들이닥친 저승사자에게 7일간의 시간을 애원했다 한다. 그리고 다시 돌아오니 스님의 수행이 얼마나 치열했던지 저승사자의 눈에 보이지 않았다는 것이다.

스님으로서 젊어서 수행하지 못하고 살아온 과정이며 일주일간의 시간 속에 이루어진 치열한 수행은 소임을 보는 우리 스님들에게 던지는 메시지를 담고 있다. 나로서도 피할 수 없는 주제다. 세월이 가는지도 모르고 살아가는 보통의 생활을 하는 우리에게 경각심을 준다.

옛 스님들은 선원의 입구에 '생사사대生死事大 무상신속無常迅速 광음가석光陰可惜 시부대인時不待人'이라 써 두었다는데, 그 뜻은 '생사의 일이 무엇보다 중요하고 무상하여 신속히 지나가니 가히 시간을 아껴야 할 것이다. 시간은 사람을 기다려 주지 않는다'는 의미다. 이 게송을 오며 가며 망치로 치면서 시간의 중요성을 자각하도록 했다고 하니 시간 아끼기를 누구보다 강조한 옛 스님들의 마음을 알 수 있다.

이렇게 경전이나 선사들의 어록이 시간을 아껴서 수행해야 함을 강조한다. 가장 친근한 가르침은 운문문언 스님의 '날마다 좋은 날'이라는 법문이다.

운문 화상이 대중들에게 설법했다. "15일 이전의 일에 대해서는 그대들에게 묻지 않겠다. 15일 이후에 대해서 한마디[一句] 해 보아라." 스스로 자신이 말했다. "날마다 좋은 날이지[日日是好日]!" 여기서 말하는 '날마다 좋은 날'은 그냥 매일매일 즐겁고 보람되고 편안하게 사는 것은 아닐 것이다.

하루를 좋은 날로 살기 위해서는 '지금'이라는 시간을 좋은 시간이 되도록 해야 한다. 그것이 모여 한 달이 되고 일 년이 되며 평생이 된다. 이 설법은 귀중한 인생의 시간을 낭비하지 말고 불교를 공부하며 꾸준하고 지속적으로 보살의 길을 실천해 나가야 함을 말하고 있는 것이다.

운문문언 스님은 15일 이전과 15일 이후로 나누었다고 하는데 일 년을 6월 이전과 6월 이후로 나누어 스스로에게 질문하고 답을 찾아야겠다는 생각이다.

꽃향기도
훔치지 말라 하였거늘..

무상을 자각하고 수행하라

얼마나 살 것이기에 닦지 아니하고

헛되이 밤낮을 보내며

헛된 몸이 얼마나 살아 있을 것이라고

일생을 닦지 아니하리오.

몸은 반드시 죽고 마는 것이니

죽은 다음에 받는 몸은 어찌할 것인가?

급하지 아니하며, 급하지 아니한가?

幾生不修　虛過日夜
기 생 불 수　허 과 일 야

幾活空身　一生不修
기 활 공 신　일 생 불 수

身必有終　後身　何乎
신 필 유 종　후 신　하 호

莫速急乎　莫速急乎
막 속 급 호　막 속 급 호

운서주굉 스님의『죽창수필』을 책상머리에 두고는 간혹 짬이 있을 때마다 읽고 있는데 얼마 전에는 "한 번 사람 몸 잃으면 천 겁 만 겁에도 회복하지 못한다."는 글을 읽었다. 주굉 스님의 글에는 "이 말은 누군들 알지 못하랴만, 알면서도 소홀히 생각하여 전혀 마음속에 새겨 두지 않는다. 이는 알지 못하는 것이나 다름이 없다."는 내용이 이어진다.

불자라면 이 내용을 알지 못하는 사람이 없을 것이다. 그런데 이 말을 일 년에 몇 번이나 마음속에 새기면서 살아가고 있는가를 생각해 보면 아득해진다. 간혹 사십구재를 지내고 슬피 우는 재자들을 볼 때 가슴 아프게 잠깐 새기고 지나가고 마는 것이다. 언젠가 죽을 수밖에 없는 우리들인데도 불구하고 죽음과 너무 거리를 두려고만 하고 있는 것이 아닌가 하는 생각이 들 때가 많다.

죽음을 준비하는 것에는 어떤 것이 있을까 생각해 볼 때가 있다. 딱히 답이 없는 질문이기도 하지만 원효 스님의 이 말씀이 우리들이 죽음을 준비할 때 길잡이가 되는 말씀이지 않을까 싶다. 속가의 사람들은 재산은 어떻게 분배하고 뒤의 일은 어찌 해야 하고를 생각하지만 조금이라도 발심한 사람의 죽음에 대한 준비는 하루하루를 헛되이 보내지 않고 다음 생을 생각하며 선업을 쌓아 나가고 수행을 게을리하지 않는 것이다.

일반적으로 윤회를 믿지만 눈으로 보지 않았기 때문에 또 반신반의하고는 이 세상에서 배불리 먹고 떵떵거리며 잘 살면 그만이라는 생각에 젖어 사는 사람들도 많은 것을 알 수 있다. 죽음의 문턱에 이르기 전에는 누구나 그럴지 모른다. 그러나 어렴풋이나마 윤회에 대한 믿음이 있다면 우리가 받은 이 인간의 몸을 헛되이 보내고 다음 생을 기약할 수 없음을 통절히 자각해 나가야 할 것이다.

원효 스님도 〈발심수행장〉의 마지막 구절에 이르러 수행을 강조하며 죽음의 문제를 직시할 것을 강조하고 있다. 원효 스님뿐만 아니라 옛 선사들은 하나같이 무상을 자각하고 수행할 것을 강조하고 있음을 알 수 있다.

임제 스님도 법문에서 촌음을 아껴 수행할 것을 강조하고 있다. "여러분! 그대들은 꿈과 환화幻化의 상대자(육체)에 의존해서는 안 된다. 이것(육체)은 조금 빨리, 혹은 늦게, 조만간 무상(죽음)한 존재인 것이다. 그대들이 이 세계(육체)에서 무엇을 해탈이라고 하겠느냐? 굶주림을 면하기 위해 한 끼의 밥을 얻어 먹고, 옷을 만드는 세월만 보내는 것보다도 먼저 선지식을 찾아가 친견하도록 해야 한다. 우물쭈물하며 안일하게 세월을 보내지 말고, 시간(광음)을 아껴야 한다. 한 생각 한 생각이 죽음에 이르는 길이다. (우리들 육체는) 지수화풍地水火風 사대四大로 구성되어 있고, 마음은 생주이멸生住異滅 네 가지 변화[四相]에 핍박을 받고 있다. 여러분! 바로 지금 네 가지 변화가 없는 경지를 깨달아서 외부의 경계에 끄달리는 일이 없도록 해야 한다."

한가히 세월을 보내고 있는 사람들을 비판하면서 보다 훌륭한 삶을 살 수 있도록 후학들에게 간곡하게 설파하고 있는 것이다.

이제까지 우리의 수행에 의지가 되는 대표적인 글이라고 할 수 있는 원효 스님의 〈발심수행장〉을 같이 살펴봤다. 처음 발심의 이야기부터 마지막의 무상을 자각하고 열심히 수행하라는 말을 절실히 받아들일 수 있는 나이가 언제인지 몰라도 하루하루 절실한 마음으로 시간을 아껴야 되겠다는 다짐해 본다.

계초심학인문
誠 初 心 學 人 文

나쁜 친구 멀리하고
착한 사람 가까이하라

무릇 처음으로 마음을 낸 사람은

모름지기 나쁜 벗을 멀리하며

어질고 착한 사람을 가까이하며,

오계와 십계 등을 받아 잘 지니고

때론 범하며 열고 막을 줄을 잘 알아야 하느니라.

夫初心之人　須遠離惡友　親近賢善
부 초 심 지 인　수 원 리 악 우　친 근 현 선

受五戒十戒等　善知持犯開遮
수 오 계 십 계 등　선 지 지 범 개 차

불문을 떠나서 어디에 머물고 어디를 가든지 막론하고 그곳에는 반드시 규범으로 삼는 일들이 있다. 그래서 그 규범을 빨리 익혀 자신의 것으로 만들어 나갈 때 생활은 한결 편안해지며, 자신이 원하는 소기의 목적을 빠르게 달성할 수 있다. 물론 조직마다 각각 다른 세밀한 규범을 갖고 있지만, 보편적인 도덕규범에 있어서는 큰 차이가 없기도 하다.

이 내용은 불교에 처음 입문하여 수행하고자 하는 마음을 발한 사람의 마음가짐에 대해서 설하고 있다. 가장 처음 등장하는 것이 나쁜 친구를 멀리하고 어질고 착한 사람을 가까이해야 한다는 것이다.

사회의 일반 규율과 별반 다를 것이 없는 시작이다. 부모님이 "좋은 친구 사귀고 나쁜 친구는 멀리해야 한다."고 늘 말씀하시던 것과 다르지 않다. 학교나 사회에서도 가장 중요한 일이고 우리들 불문에서도 가장 중요한 일임에 분명하다. 나쁜 친구로부터 멀리 떠나는 것 그리고 그 주위에도 가지 않는 자세를 말한다. 뒤에 이어지는 〈자경문〉에서 야운 비구가 "조지장식필택기림鳥之將息必擇其林이요 인지구학내선사우人之

求學乃選師友니라, 새가 쉴 때는 반드시 그 쉴 만한 숲을 잘 선택해야 하고, 사람이 배울 때 역시 스승과 벗을 잘 선택해야 한다."는 말과 그 맥을 같이한다고 할 수 있다.

좋은 벗을 가까이하고 나쁜 벗을 멀리하는 것은 모든 관계에 있어서 필수적인 일이다. 사람 사이의 관계가 수행에 있어서도 무엇보다 중요한 것임을 말하고 있다. 궁극적으로는 우리 스스로가 어질고 착한 사람, 좋은 벗이 되어 다른 이들을 이끌어 줄 수 있어야겠지만 그렇지 못하다면 초심자에게 좋은 사람을 소개하는 것도 좋은 일이 될 것이다.

다음으로는 불교의 기본 계율인 5계, 10계 등을 받아야 한다는 말과 계율을 지니고는 범하며 열고 막을 줄 알아야 함을 말하고 있다. 계율을 지니는 것만으로도 힘든 일인데 초심자에게 범하고 열고 막는 것까지 말한다. 이는 참으로 어려운 일이다. 이런 일을 능수능란하게 하려면 초심자가 아니라 몇십 년 수행한 사람들이나 돼야 할 것이다.

사실 5계나 10계 등의 구체적인 계율 이전에 수행자라면 어떤 마음의 계율을 지녀야 할 것인가를 생각해 봐야 한다. 우리는 일곱 부처님이 공통적으로 설했다는 다음의 칠불의 게송을 통해서 계율에 대한 생각을 먼저 정립해 나가야 한다.

"제악막작諸惡莫作 중선봉행衆善奉行 자정기의自淨其意 시제불교是諸佛敎, 모든 악을 짓지 말고, 모든 착한 일을 받들어 행하라. 스스로 그 뜻을 깨끗이 하는 것이 모든 부처님의 가르침이다."

구체적인 계율에 들어가 지범개차 이전에 착한 일을 실천하고 악을 막으려는 마음을 먼저 가질 때라야 부처님의 성스러운 계율과 가르침을 잘 따라 나아가지 않을까 생각해 본다.

하심과 공경만이 적광전을 장엄한다

오로지 부처님의 거룩한 말씀에만 의지할 것이지
용렬庸劣하고 어리석은 무리의 부질없는 말을
따르지 말지어다.
이미 이 몸 출가하여 청정한 수행의 무리에 참여하였으니
항상 부드럽고, 온화하고, 착하고, 공손하기를 생각할지언정
교만한 생각으로 자기를 높이는 짓을 하여서는 아니 된다.

但依金口聖言　莫順庸流妄説
단 의 금 구 성 언　막 순 용 유 망 설

旣已出家　參陪淸衆
기 이 출 가　참 배 청 중

常念柔和善順　不得我慢貢高
상 념 유 화 선 순　부 득 아 만 공 고

계초심학인문

우리들이 기준으로 삼고 실천하는 것이 무엇인가에 따라 사람은 다양한 부류로 나뉜다. 물론 어떠한 기준을 따르더라도 반사회적인 부류가 아니라면 그들만이 가질 수 있는 확실한 기준이 있어야만 한다. 우리는 이미 불자가 되면서 맹세하기를 삼보에 귀의했다. 그중 하나가 부처님의 가르침에 따르겠다는 맹세이다. 법보에 대한 귀의를 더 확대하면 오로지 부처님의 가르침을 따를 것이지 다른 무리의 헛된 말을 따르지 않겠다는 굳은 결심이 함께 있는 것이다.

물론 『화엄경』「십지품」난승지의 법문에 보면 보살들이 중생들의 이익을 위하여 "문장과 글씨와 시와 노래와 춤과 풍악과 연예와 웃음거리와 만담 따위를 잘하기도 한다."는 내용도 나오지만 이는 어디까지나 중생의 이익을 위한 방편이지 자기의 명예와 이익을 위한 것이 아니어야 함을 분명히 밝힌다.

매스컴이 고도화된 요즘 같은 시기에 더욱더 필요한 말이다. 정보를 접하기 어려웠던 과거에는 부처님의 말씀인 경전을 우리 삶의 지침으로 삼아 왔지만, 수없이 많은 정보가 넘쳐나는 현대에는 어떤 것이 부처님의 가르침에 부합하는 말인가도 분간하기 힘들 정도로 온갖 주장과 사상이 널리 퍼져 있다. 대표적인 것이 유튜브다. 사실이나 진리에 근거한 이야기를 하는 방송도 많지만 일방적인 주장만을 내세우는 곳도 점차 많아지고 있다.

아만이 공고한 무리들이 자기 주장을 여과 없이 분출하는 시대가 됐다. 여러 가지 이유로 우리도 모르는 사이에 용렬하고 어리석은 무리들의 주장에 따르고, 거기에 제 관점을 더하여 끊임없이 자기가 옳다고 주장하는 사람들이 늘어나고 있는 것은 참으로 안타까운 일이다. 불자로서 사회의 올바른 구성원으로 자리매김하려면 그 용렬한 무리들의 주장을 그대로 받아들이기보다는 '부처님이라면 이런 것을 어떻게 생각하셨을까?' 하고 깊이 고민해 봐야 할 문제다.

〈계초심학인문〉은 이어서 출가자와 재가자를 포함한 대중들의 기본적인 규율에 대해 말하고 있다. 유화선순柔和善順, 즉 부드럽고, 온화하고, 착하고, 대중에 수순하기를 항상 생각해야 한다는 것이다. 때로는 출가자들 중 거칠고 대중을 잘 따르지 않는 이들을 볼 때가 있다. 강원이나 교육기관에서야 규율에 따라 처리하면 되지만 그렇지 않은 경우에는 참 난감하다.

출가를 하고서도 거친 언행으로 대중을 따르지 않고 화합을 깨뜨리는 일은 분명히 오역죄 중에 하나에 속할 텐데도 신경 쓰지 않고 자유인인 양 행동하는 이들이 있다. 또 신도들 중에서도 자기만 내세우고 옳은 것으로 삼으며 공덕을 잃는 이들이 있다. 그런 이들이야말로 이 말을 기억하고 출가한 이나 재가자 모두 부드러움과 대중에 수순함을 더욱 연습해 나가야 할 것이다.

출가한 이들에게 가장 큰 덕목이 무엇일까 생각해 봤을 때 모든 행자실에 걸려 있는 간단한 문구인 '하심下心'이지 않을까 싶다. 걸식도 수행자의 아만을 항복 받는 데 좋은 법식이라 하여 지금까지 남방불교에서 꾸준히 행해져 오고 있는 것을 보면 아만을 꺾고 하심하는 것이야 말로 수행자의 첫 번째 덕목인 것이다. 행자실에 있던 하심이라는 단어가 잊혀져 가는 승랍이 될수록 언제나 더욱 자각하며 살아가야 한다. 납자 10게에도 보면 하심이라는 항목으로 수행납자들이 항상 하심할 것을 강조하는 게송을 볼 수 있다.

"법계는 다 법신 비로자나불이시니 누가 어질다, 어리석다, 귀하다, 천하다 말할 수 있으리오. 늙은이와 어린이를 공경하기를 다 부처님 모시듯 하고, 항상 엄숙히 적광전을 꾸미리라. 하심과 공경만이 아만을 꺾어 버리고 적광전을 장엄할 수 있으리라."

대중생활의 중요한 원칙

먼저 출가한 이는 형兄이 되고 늦게 출가한 이는 아우[弟]가 되며

혹시라도 다투는 이가 있거든 양쪽 주장을 잘 화합시키되

오로지 자비심으로 서로를 대하도록 할 것이지 모진 말로써

남의 마음을 상傷하게 해서는 아니 된다.

만약에 함께 공부하는 도반道伴들을 속이거나 업신여겨서

나는 옳고 너는 그르다는 식의 시비是非를 따지려 한다면

그 같은 출가는 하나마나, 마음공부에 아무런 이득이 없게 된다.

大者 爲兄 小者 爲弟 儻有諍者 兩說 和合
대자 위형 소자 위제 당유쟁자 양설 화합

但以慈心相向 不得惡語傷人
단이자심상향 부득악어상인

若也欺凌同伴 論說是非 如此出家 全無利益
약야기능동반 논설시비 여차출가 전무이익

대자는 형이 되고 소자는 아우가 된다는 이 말은 대중 속에 살면서 지켜야 하는 차례를 말한다. 그러나 많은 이들이 대자와 소자를 나누는 구분을 다르게 해석해서 생기는 여러 가지 문제들이 있다. 특히 요즘은 늦게 출가하는 이들이 많아지는 추세여서 그런지 대중생활에서 나이를 무기로 내세우는 경우들을 본다.

예전엔 군대의 계급보다도 더 엄한 것이 강원의 좌차座次, 즉 차례였다. 좌차를 정하는 규칙은 엄격해서 청규에 명문화시켜 놓고 있을 정도이다. 즉 같은 반에서도 사미계를 먼저 받은 사람이 위가 되고 사미계를 받은 날이 같을 때에는 나이가 많은 사람이 앞 차례가 되는 것 등이다. 이런 엄격함이 고리타분한 군대 같은 모습을 만들어 낸 측면이 있는가 하면 많은 대중이 모여 사는 데 있어 생활의 편리함과 엄격한 수도생활을 해 나갈 수 있는 힘이 생기는 순기능을 충분히 해 온 것이다. 그런 연고로 대자는 형이 되고 소자는 아우가 되는 이 차례는 대중생활에서 중요한 원칙이다.

다음으로 다툼이 있을 때 양설을 화합해야 한다. 자기의 주장을 내세우는 게 현대인들의 성향인데, 이런 시대에 다툼을 화해시키기란 쉬운 일이 아니다. 다만 다툼이 더 격화되지 않게 하고 조금이라도 상대방을 이해할 수 있도록 돕는 것이 평범한 사람들이 할 수 있는 일이지 않을까 싶다. 대사회적인 투쟁들을 화해시킬 수 있는 힘은 없을지라도 작은 일들이라도 서로를 이해하게 하는 노력들을 해 나가야 함을 밝힌 것이다.

우리 속담에 '말로 천 냥 빚을 갚는다'는 말이 있고, 중국의 『전당서全唐書』에는 '구시화지문口是禍之門, 즉 입은 재앙을 불러들이는 문'이라는 내용이 나온다. 또 『탈무드』에서는 '모든 고기는 입으로 낚인다'는 유명한 말이 전해진다. 입은 음식을 몸 안으로 들이는 입구이기도 하면서 생각을 내뱉는 출구이기도 하다. 그래서 동서양을 막론하고 말이 화를 가져올 수 있음을 경계하고 있는 것이다.

우리들이 매일 독송하는 『천수경』에도 열 가지 악업을 말하면서 신·구·의 삼업 중에 입으로 짓는 죄를 네 가지나 말하고 있는 것으로 봐서도 입이 아주 중요해서 나쁜 일도 많이 하고 좋은 일도 많이 할 수 있음을 밝히고 있다. 네 가지

입으로 짓는 죄는 망어妄語, 양설兩舌, 악구惡口, 기어綺語이다. 이 넷은 다 우리가 짓지 말아야 할 악업이다.

여기서는 특히 양설兩說을 화합시켜야 한다고 하는데 이는 양설兩舌 즉 이간질 시키는 말을 멀리하는 것이 기본이 되어야 한다. 양설을 화합시켜 서로 화해하게 만들어 나가는 것이 대중생활의 근본이거늘 여기저기에 이 말 저 말을 퍼트리며 사람들의 마음을 아프게 하는 이들이 있다. 이런 이들의 출가는 아무런 이익이 없고 악업만 쌓게 하는 결과를 가져온다. 또 사람을 업신여기고 상대를 이기려만 드는 마음을 갖는 사람들의 출가 역시 아무런 이익이 없다.

남에게 항상 이기려는 마음을 승부심勝負心이라고 한다. 추억해 보면 스님들과 승부심을 겨뤘던 장은 축구였다. 『잡아함경』에는 승부심에 대해 이렇게 전한다. "이기면 따라오는 원망과 질투이고 지면 분해서 온밤을 지새우네. 이기고 지는 마음 영원히 사라지면 이 마음 고요하여 저절로 잠이 오네."

승부심 없는, 논설시비 없는 편안함이 모두에게 깃들기를 바란다.

독사보다 심한 '화'

재물과 여색의 화는 독사보다 심하니 자신을 살피고 그릇됨을 알아서 항상 멀리 여읠지어다. 인연 있는 일이 없으면 다른 이의 방이나 절에 들어가지 말고 은밀한 곳에서 다른 일을 억지로 알려고 하지 말아야 한다. 육일이 아니거든 내의를 빨지 말며 세수하고 양치질할 때 코를 풀거나 침을 뱉지 말며 공양을 돌릴 적에 차례를 어기지 말며 경행할 때에는 옷깃을 헤치고 팔을 흔들고 다녀서는 안 된다. 대화 할 때는 웃고 떠들지 말며 중요한 일이 아니거든 문 밖을 다니지 말아야 하며 병든 사람이 있거든 모름지기 자비스러운 마음으로 보호해 주어야 한다. 손님을 보거든 모름지기 기쁜 마음으로 맞이해야 하며 웃어른을 만났을 때는 공손하게 자리를 비켜서야 하느니라.

財色之禍　甚於毒蛇　省己知非　常須遠離　無緣事則
재 색 지 화　심 어 독 사　성 기 지 비　상 수 원 리　무 연 사 즉

不得入他房院　當屛處　不得强知他事　非六日　不得洗
부 득 입 타 방 원　당 병 처　부 득 강 지 타 사　비 육 일　부 득 세

浣內衣　臨盥漱　不得高聲涕唾　行益次　不得塘突越序
완 내 의　임 관 수　부 득 고 성 체 타　행 익 차　부 득 당 돌 월 서

經行次　不得開襟掉臂　言談次　不得高聲戲笑　非要事
경 행 차　부 득 개 금 도 비　언 담 차　부 득 고 성 희 소　비 요 사

不得出於門外　有病人　須慈心守護　見賓客　須欣然迎
부 득 출 어 문 외　유 병 인　수 자 심 수 호　견 빈 객　수 흔 연 영

接　逢尊長　須肅恭廻避
접　봉 존 장　수 숙 공 회 피

앞에 이어서 대중과 생활할 때의 마음가짐과 예절에 대해서 상세히 밝히고 있다. 먼저 마음가짐이다. 즉 재물과 여색을 대할 때의 마음가짐이다. 독사보다도 더 심한 재물과 여색의 화를 먼저 밝히고 이렇게 심한 것을 상대할 때는 항상 그릇됨을 알아서 자기를 반성해 나가야 한다는 것이다. 법정 스님으로 대표되는 많은 분들이 무소유를 주장해 왔지만 우리들 대부분은 재물이 주는 편리함의 유혹을 벗어나기 어려운 것이 사실이다. 돈도 그렇지만 여색도 그렇다. 이런 유혹은 항상 자기를 반성하는 하루하루를 보내야 바로 볼 수 있다.

그다음은 대중생활 속에서 지켜야 할 예의를 하나하나 밝히고 있다. 당병처當屛處, 호기심 갖는 일부터 삼가야 함을 말한다. 우리가 몰라도 되는 일 즉 '관계자 외 출입 금지' 구역을 호기심으로 억지로 들어가서도 안 되고 또 거기서 본 일들을 여기저기 말해서도 안 된다. 그리고 육일 즉 6, 16, 26일이 아니면 내의 등 빨래를 해서는 안 된다. 이는 옷에 붙어 기생하는 여러 미세한 생물체 등에 대한 불살생의 의미를 담고 있다. 다만 육일은 계를 범하는 것을 예외로 인정한 날이라고 할 수 있다.

　물을 먹을 때도 녹수낭에 걸러서 마시고, 길을 갈 때 육환장 위의 요령으로 작은 벌레나 길 위의 작은 동물 등을 보호하듯이 우리가 입고 있던 옷 속의 작은 해충들에까지 적용되는 불살생계를 엄격하게 지키려는 옛 스님들의 간절한 마음을 알 수 있다. 물론 빨래를 하지 않고 살 수는 없기에 육일이라는 한정된 날을 정한 어쩔 수 없는 고충이 있지만 말이다. 이날에 삭발 일을 정해서 삭발 목욕하는 곳도 있는데 이 말에서 유래했다고 할 수 있다.

　세수를 하고 양치를 할 때는 얌전히 고요히 행해야 다른 이에게 방해가 되지 않고 다른 이의 마음을 어지럽게 하지 않음을 말한다. 또 공양 당번이 되어 공양을 돌리며 그 차례를 뛰어넘는 일이 있어서는 안 된다. 이는 차례를 지키면서 모두에게 돌아가는 평등 공양의 의미를 지켜야 하기 때문이다. 또 경행이나 일체의 움직임을 과하게 하는 행동 등을 삼갈 것을 말하고 있다. 여러 사람이나 둘이서 이야기할 때를 막론하고 큰 소리로 말하는 것이 다른 이들의 수행과 기도에 방해가 되니 주의를 당부하고 있다.

산문 밖 출입을 아주 즐겁게 여기는 사람이 있는데, 이런 사람들에게 번잡하게 돌아다니면서 마음을 어지럽히지 말아야 함을 강조하고 있다. 또한 대중이 생활하는 중에 아픈 사람이 생기면 자비로운 마음으로 간병해야 한다.

손님을 대하는 태도에 따라 그 집안의 평판이 달라지듯, 절에서도 객을 대하는 일이 어렵고 중요하다. 객을 기쁜 마음으로 맞이하고, 어른에게 예의를 표하는 일은 대중생활에서 몸에 익혀야 할 내용이다. 모든 대중의 안락을 위해서.

만족할 줄 아는 것이 큰 부자

생활 도구를 마련하되 반드시 검약하여 만족할 줄 알아야 한다. 공양供養할 때에는 씹는 소리를 내지 말며, 수저나 그릇을 들고 놓을 적에 조심스럽게 다루며 고개를 들어 이리저리 두리번거리지 말아야 하며, 맛있는 음식은 반기고 거친 음식은 싫어해서는 안 된다. 모름지기 공양 중에는 말을 하지 말며, 잡념이 일지 않도록 심신을 잘 보호해야 한다. 음식을 받는 것은 다만 이 몸뚱이가 마르고 시드는 것을 다스려 도업을 성취하기 위한 것인 줄 잘 알아야 하며, 모름지기 반야심경을 생각하되 주는 자와 받는 자, 주는 물건, 이 셋이 청정함을 관하여 도에 어긋남이 없게 해야 한다.

辦道具　須儉約知足　齋食時　飮啜　不得作聲　執放
판도구　수검약지족　재식시　음철　부득작성　집방

要須安詳　不得擧顏顧視　不得欣厭精麤　須默無言說
요수안상　부득거안고시　부득흔염정추　수묵무언설

須防護雜念　須知受食　但療形枯　爲成道業　須念般若
수방호잡념　수지수식　단료형고　위성도업　수념반야

心經　觀三輪淸淨　不違道用
심경　관삼륜청정　불위도용

산골 절에 살다 보니 여러 가지 생활 도구가 부족할 때가 많다. 그러다 보니 문득 부족하다 여기는 이 마음도 사치가 아닌가 하는 생각이 드는 순간이 있다. 얼마 전부터 물이 나오지 않아 며칠째 작은 우물물 하나에 의존하고 있다. 재래식 화장실을 쫓아다녀야 하고 씻는 건 고사하고 빨래를 할 물도 없으니 불편하기가 이만저만이 아니다. 그래도 이 문구를 보면서 마음을 다잡아 본다. 옛날에는 우물물에 의지하여 살아가는 것이 일상이었을 테니 말이다. 또 재래식 화장실이라도 없었다면 그야말로 노상방뇨를 해야 할 판인데 이것도 얼마나 고마운 일인가. 그간 얼마나 많은 풍요 속에 살아왔는가를 새삼 느끼게 된다.

언젠가 공양주 보살님을 따라서 대형마트에 장을 보러 간 적이 있다. 매장의 큰 규모에 놀라고, 많은 사람들에 두 번 놀랐다. 나오는 길에는 카트에 한가득 실은 짐을 보고 세 번 놀랐다. 현대인은 소비를 부추기는 여러 유혹에 노출되어 있다. 그렇다 보니 자기에게 반드시 필요한 물건이 아닌데도 구매를 하게 되고 또 사 놓고 쓰지 않는 물건도 집안에 가득하다.

이 구절은 실생활에서 생활 도구를 마련하는 데 있어 지침으로 삼으면 좋을 것 같다. 물론 이 말의 본질은 무소유, 소욕지족을 향하고 있지만 자기에게 필요한 만큼만 소유할 줄 아는 것도 정신적인 고고함이란 생각이 든다. 기본적인 생활의 도구만으로 살아가는 삶을 소욕지족少欲知足의 삶이라고 한다. 적게 가지더라도 만족을 느끼는 삶, 이는 법정 스님이 줄곧 강조했던 무소유의 삶과 닮아 있다. 부족하다고 느껴질수록 욕심은 더욱 커진다. 하지만 정신적으로 성숙한 사람은 부족함에 끄달려 과한 욕심을 채우려 하지 않는다.

『아함경阿含經』에 "욕심慾心이 적은 사람은 남의 마음을 사기 위해, 아첨阿諂하지 않으며 마음이 편안便安해서 아무런 두려움이 없고 하는 일에 여유가 있고 부족함이 없다."고 밝힌다. 바로 욕망을 적게 가지는 소욕과 마음이 편안하고 만족할 줄 아는 지족을 말한다.

살림살이가 적고 부족하면 불편하겠지만 살 수 없는 것이 아니고 또 불편을 감수하다 보면 그 생활의 담박함에 젖어들 수 있다. 방송에서 자연 속에서 살아가는 이들에 대한 이야기를 본 적이 있다. 이들 자연인이 많은 사람들에게 크게 호응을 받는 이유는 그 소박함과 삶에 대해 만족하는 모습 때문일 것이다.

다음은 공양할 때의 마음가짐과 자세에 대해서 말하고 있다. 여기서 삼륜三輪이라는 말이 나오는데 이는 보시를 하는 자[能施], 받는 자[所施], 보시하는 바의 물건[施物]의 청정함을 말하고 있다. 삼륜청정은 보시하는 자와 받는 자의 당체當體가 즉 공空임을 관조觀照하는 것으로부터 청정을 얻을 수 있을 것이다.

부족하다고 느껴질수록 욕심은 더욱 커진다.
하지만 정신적으로 성숙한 사람은
부족함에 끄달려 과한 욕심을 채우려 하지 않는다.

예불의 중요성

예불을 드리되 반드시 아침저녁으로 부지런히 행하고 스스로 게으름을 꾸짖으며, 대중이 행하는 차례를 알아서 어지럽게 하지 말아야 한다. 염불하고 축원을 할 적에 마땅히 글을 외우면서 뜻을 생각할지언정, 다만 음성만을 따르지 말며, 곡조를 틀리게 하지 말아야 한다. 부처님의 모습을 우러러 존경하는 마음으로 보되 다른 경계를 생각하지 말지어다. 반드시 자기 자신의 죄업이 산과 같이 높고 바다와 같이 깊은 줄을 알고 반드시 이치로 뉘우치고 몸으로 참회하여 죄를 녹여 없앨지어다. 예배하는 자신과 예배를 받는 부처님이 다 참된 성품으로 연기한 줄을 깊이 관찰하며, 감응이 헛되지 아니하여 그림자와 메아리가 서로 따르는 것과 같음을 깊이 믿을지어다.

赴焚修　須朝暮勤行　自責懈怠　知衆行次　不得雜亂
부분수　수조모근행　자객해태　지중행차　부득잡란

讚唄祝願　須誦文觀義　不得但隨音聲　不得韻曲不調
찬패축원　수송문관의　부득단수음성　부득운곡부조

瞻敬尊顔　不得攀緣異境　須知自身罪障　猶如山海
첨경존안　부득반연이경　수지자신죄장　유여산해

須知理懺事懺　可以消除　深觀能禮所禮　皆從眞性緣
수지이참사참　가이소제　심관능례소례　개종진성연

起　深信感應　不虛　影響相從
기　심신감응　불허　영향상종

수행자라면 반드시 행해야 하는 예불의 중요성과 예불 드릴 때의 마음가짐과 자세 등에 대해서 기본적인 것을 밝히고 있는 장이다.

예불 드리는 일은 머리를 깎고 사는 우리나 재가 신도를 막론하고 가장 중요한 신행활동 중의 하나이다. 큰절에 사는 즐거움 중의 하나는 방장 스님부터 행자까지 모두가 다 참여하는 예불 의식이다. 물론 학인 때는 한 번 빠질 수 있으면 얼마나 좋을까 하고 호시탐탐 기회를 노리기도 하지만 거의 대부분의 학인들은 규율을 지키며 예불 시간에 빠지지 않는다. 그리고 예불을 통해서 점차 '중물'이 들어간다고 할 수 있다. 예불에 불참하면 가차 없이 참회가 주어지기 때문이기도 하지만, 익숙해지다 보면 예불을 놓칠 때 허전함마저 드는 게 머리 깎고 사는 사람들의 마음이다.

옛날 스님들은 절 밖으로 멀리 출타를 할 때도 불감佛龕을 모시고 다니면서 예불을 드렸다고 하니 그 중요함을 익히 알수 있다. 그리고 예불을 드리는 것 못지않게 그 마음의 자세가 얼마나 중요한가를 사야다 존자와 바수반두 존자의 일화에서 볼 수 있다.

항상 한 끼만 먹고 눕지도 않으며, 여섯 때로 예불하며, 청정하여 욕심이 없어서 대중들의 귀의할 바가 된 바수반두를 교화하면서 사야다 존자가 말했다. "나는 도를 구하지 않되 그렇다고 전도되지도 않으며, 나는 예불하지 않되 그렇다고 업신여기지도 않으며, 나는 늘 앉아 있지 않되 그렇다고 게으르지도 않으며, 나는 한 끼만 먹지 않되 그렇다고 잡식하지도 않으며, 나는 만족함을 알지 못하되 그렇다고 탐욕하지도 않음이라. 마음으로 바라는 바가 없음이 이름하여 도라고 한다."

이 일화는 예불과 도에 대해서 우리들에게 시사하는 바가 크다. 물론 빠지지 않고 예불을 드리는 것도 중요하지만 마음가짐을 어떻게 가지는가가 무엇보다 중요한 일일 것이다. 요즘은 하루 세 때 예불 드리는 것도 힘들다고 하는데 여섯 때 예불을 드리는 그 정성을 알 수 있다. 이슬람교도들이 지금 예경을 드리는 모습을 통해서도 그 간절함을 알 수 있는데 스스로의 게으름과 신심 없음을 탓해야 할 일이다. 그렇다고 사야다 존자가 한 말을 실천하느냐 하면 그것도 아니다. 그 백

분의 일도 따라가지 못하고 있으니 참으로 자신이 한심스러울 뿐이다.

뒤이어서는 참회를 얘기한다. 이렇게 스스로 한심스럽다는 마음이 들 때 그리고 허물을 지었을 때에는 반드시 참회를 통해서 이를 바로잡고 극복해 나가야 한다. 그 참회는 마땅히 마음으로 뉘우치고[理懺] 몸으로도 참회[事懺]하여 죄업을 소멸해 나가야 함을 밝히고 있다.

조화로운 생각 속에서
부드러운 온화함이 저절로 나오고
그 온화함이 세상을 밝힌다.

논쟁하여 승부 가리기를 삼가라

대중방에 거처할 적에는 반드시 서로 양보하여 다투지 말고, 서로 간에 돕고 보호하며, 옳으니 그르니 논쟁하여 승부 가리기를 삼가야 한다. 머리 맞대고 모여 쓸모없는 이야기를 하지 말며, 다른 이의 신발을 잘못 신지 말며, 눕거나 앉는 차례를 어기지 말며, 손님과 대화를 나눌 때는 절 집안의 잘못된 점을 드러내지 말고 다만 사원의 불사를 찬탄할지언정 고방을 드나들며 이 일 저 일 듣고 보아 스스로 의혹을 내지 말지어다.

居衆寮 須相讓不爭 須互相扶護 愼諍論勝負 愼聚頭
거 중 료　수 상 양 부 쟁　수 호 상 부 호　신 쟁 론 승 부　신 취 두

閗話 愼誤着他鞋 愼坐臥越次 對客言談 不得揚於家
한 화　신 오 착 타 혜　신 좌 와 월 차　대 객 언 담　부 득 양 어 가

醜 但讚院門佛事 不得詣庫房 見聞雜事 自生疑惑
추　단 찬 원 문 불 사　부 득 예 고 방　견 문 잡 사　자 생 의 혹

대중방에서 살아가는 예절에 대해서 밝히고 있다. 무엇을 어떻게 하라고 말하기 이전에 하지 말아야 할 것들을 먼저 나열하고 있다. 자칫 의심을 내고 이런 것들까지 짚어야 하는가 하는 생각도 들만 한 내용이다. 대중들이 함께 생활하는 데 반드시 지켜야 할 그리고 반드시 하지 말아야 할 일들이 그만큼 많기 때문이고, 서로의 생활에 불편을 줄이고 조화롭게 살아가기 위한 첫걸음이기 때문이지 않을까.

많은 대중이 모여 사는데 자기의 주장만을 고집해서 대중을 번거롭게 하고 대중을 번뇌하게 한다면 수행자 이전에 함께할 수 없는 사람임에 분명할 것이다. 한두 사람이 사는 곳이라면 그런 사람은 회피하면 된다. 하지만 많은 대중을 끊임없이 괴롭게 한다면 함께 살아가지 못하기 때문이다.

티베트에는 부처님의 가르침을 가지고 논쟁하는 전통이 있고 우리들에게도 논강을 비롯하여 부처님 가르침에 대한 토론이 있어 왔다. 그러나 자칫하면 서로의 감정이 개입되어서 서로 앙숙이 되어 평생을 살아가게 되는 일도 있는데 하필 승부욕을 가지고 논쟁하는 일은 더 말할 필요도 없다.

스님들은 축구나 족구를 함께 해 보면 그 사람의 성격을 확연히 알 수 있다는 말이 있다. 이는 그 사람이 얼마나 승부욕을 가지고 있는가 하는 판단의 기준이 되기 때문이다. 하지만 승부욕으로 세상을 살아가기보다는 같이 살아가는 사람에 대한 배려와 보호하고 도와주는 자비심을 실천해야 함도 같이 밝히고 있다.

머리를 모으고 한가로운 말이나 하고 있으라고 머리를 깎고 수행자가 되지는 않았다. 신도님들 또한 머리를 맞대고서 이 사람 저 사람 이야기를 꺼내다가 끝내는 남의 허물을 말하는 쪽으로 선회하기 일쑤다. 그날 마음을 모아 기도한 공덕을 다 허비할 뿐만 아니라 업을 짓고 가는 것인데, 이러한 일들을 또한 경계해야 함을 밝히고 있다.

말은 잘 쓰면 천 냥 빚도 갚겠지만 대부분의 사람들은 그렇지 못하여 머리를 맞대고 이야기를 하면 구업을 짓는 수준에서 벗어나지 못한다. 그래서 입을 무겁게 하는 것이 솔깃한 말로 사람들을 즐겁게 하는 것보다 뛰어난 일이다. 스님들도 모이면 쓸데없는 농담이나 정치 이야기로 시간을 허비하는 경우가 종종 있는데 아것은 삶이나 수행에 아무런 도움을 주지 못할 뿐만 아니라 이 또한 남을 비난하는 구업을 짓는 것으로 마무리될 수 있다.

그다음에 들고날 때에 올바른 정신으로 남의 신발을 바꿔신지 말아야 하는 등의 세세한 것까지 밝히고 있다. 사자충이 사자를 죽인다고 하듯이 절 집안의 허물도 가까이 있는 사람들이 침소봉대하여 만들어진 허물이 많다. 말하기 좋아하는 사람들은 주위에 허물을 말하는 오류를 범하지 말아야 함을 강조하고 있다. 일반적으로 장점, 즉 불사를 찬탄하는 말보다는 허물을 찾아다니면서 여기저기 이야기하는 부류들이 있다. 이러한 잘못을 저지르지 않게 하기 위한 고심으로 이 말씀을 하고 있는 것이다.

대중방에 거처하면서 지켜야 할 예절은 비단 수행자에게만 해당하는 이야기는 아니다. 기숙사라든지 수련회 등 대중이 모이는 곳에서는 서로에 대한 배려심으로 다툼 없고 서로 방해하지 않은 생활을 위해서 반드시 지켜야 한다. 많은 사람들이 최소한의 예의를 지킬 때 그 대중들은 서로를 보호할 수 있는 것이다.

지금이 무애행 할 때인가

요긴한 일이 아니면 이 고을 저 고을로 다니며 속인들과 서로 사귀어 오가며 다른 이로 하여금 미워하고 질투하는 마음을 내게 하고, 도道 닦는 뜻을 스스로 저버리지 않도록 해야 한다. 만일 요긴한 일이 있어 외출하게 되면 주지나 책임자에게 말해서 가는 곳을 알려야 한다. 만약 속인의 집에 들게 되거든 간절히 바른 생각을 굳게 지니되 보고 듣는 경계에 끄달려 방탕하고 삿된 마음에 휩쓸리지 말아야 할 것인데 하물며 옷깃을 풀어헤치고 웃고 떠들면서 쓸데없이 잡된 일이나 지껄이고, 때도 아닌 때에 밥 먹고 술 마시는 것으로 망령되이 무애행無碍行을 하여 부처님이 정해 주신 계율을 크게 어겨서야 되겠는가? 또 어질고 착한 이들이 싫어하고 의심하는 경우가 된다면 어찌 지혜智慧 있는 사람이라 하겠는가? 사당에 머물 때는 사미와 함께 행동하기를 삼가며 인사로 오가는 것을 삼가며 다른 이의 잘잘못을 밝히려 하지 말고 지나치게 문자를 구하려 하지 말며, 잠을 과도하게 자지 말며 인연 경계에 끄달려 마음이 산란散亂해지지 않도록 해야 할 것이다.

非要事　不得遊州獵縣　與俗交通　令他憎嫉　失自道情
비요사　부득유주엽현　여속교통　영타증질　실자도정

儻有要事出行　告住持人　及管衆者　令知去處　若入俗
당유요사출행　고주지인　급관중자　영지거처　약입속

家　切須堅持正念　愼勿見色聞聲　流蕩邪心　又況披襟
가　절수견지정념　신물견색문성　유탕사심　우황피금

戲笑　亂說雜事　非時酒食　妄作無碍之行　深乖佛戒
희소　난설잡사　비시주식　망작무애지행　심괴불계

又處賢善人　嫌疑之間　豈爲有智慧人也　住社堂　愼沙
우처현선인　혐의지간　기위유지혜인야　주사당　신사

彌同行　愼人事往還　愼見他好惡　愼貪求文字　愼睡眠
미동행　신인사왕환　신견타호악　신탐구문자　신수면

過度　愼散亂攀緣
과도　신산란반연

산문 밖 출입을 삼가며 열심히 수행정진하는 수행자들의 미담을 간혹 듣게 된다. 또 천일기도처럼 기간을 정해두고 산문 밖 출입을 철저히 삼가고 규칙적인 시간에 꾸준히 기도하는 모습을 우리 모두는 귀하게 여기고 존중한다.

그러나 소임에 따라서 산문 밖 일을 처리해야 할 때가 있다. 산문 밖 출입을 하고 도시를 왕래할 때 지켜야 할 마음가짐과 기본적인 예절에 대해서 설명하고 있는 부분이다. 사회적 변화에 따라 산에서만 살지 않고 외부와 소통하며 포교하고 살아가는 시대가 된 지 오래이다.

부처님 당시에 사리푸트라는 아슈바지트의 탁발하는 위의를 보고 부처님에게 귀의했다. 그처럼 우리들이 행하는 일상적인 위의는 많은 이들에게 불교에 대한 호감을 가지게 하기에 충분하다. 물론 그렇지 못한 행위들로 인해 불교에 대한 반감을 갖게 하는 경우도 많지만 말이다. 아무래도 외부로의 움직임이 많다 보니 먼지가 더 묻어나고 반감을 불러오는 경우가 점점 많아지고 있는 것 같다.

부처님 당시부터 지금까지 승려들의 위의는 그 시대와 함께할 수 있는 집단인가, 아닌가를 판가름하는 중요한 일이었던 것 같다. 특히 현대에는 매스컴이 발달해 스님들의 위의를 눈여겨보는 사람들이 많아지다 보니 자칫 승가 전체를 나락으로 떨어지게 하는 경우가 있다. 참으로 조심하고 조심해야겠다는 생각이 요즘 들어 간절해진다.

내가 신은 신발, 메고 있는 가방, 입고 있는 티셔츠까지도 어떤 브랜드에 가격이 얼만지 드러나는 세상이니 더욱 조심해야겠다는 생각이다. 세상이 이 정도인데 위에서 말하는 쓸데없이 지껄이고 옷을 풀어헤치고 무애행을 할 수 있겠는가? 이는 지혜 있는 사람이 의심하기 이전에 일반인들이 카메라를 들이대며 비웃고 인터넷에 올릴 만한 이슈이다.

그리고 이어지는 내용은 우리가 공부하고 기도하며 절에 머무를 때에 삼가야 할 일들에 대해서 밝히고 있다. 사미와 동행하지 말고 인사로 이리저리 다니지 말 것이며 문자를 지나치게 탐구하지 말라는 내용이다. 오히려 요즘은 문자와 너무 멀어져서 걱정이다. 문자를 많이 봐도 문제, 안 봐도 문제다. 적당히 이익을 취하고 공부에 요긴한 정도의 독서가 필요하다는 의미일 것이다. 무엇이든 지나치면 독약이 되듯 말이다.

법문을 듣는 이의 자세는

만약 종사 스님이 법상에 올라 설법하는 때를 만나거든 그 법을 듣고 그 법문이 어렵다는 생각으로 물러서려는 마음을 내서는 아니 되며, 또는 익히 들어 본 법문이라는 생각에 쉽다는 마음을 내지도 말아야 한다. 모름지기 마음을 텅 비우고 들으면 반드시 깨달을 때가 있을 것이다. 문자와 말만 배우는 사람을 따라서 입으로만 판단하지 말아야 한다. 이른바 '독사가 물을 마시면 독을 이루고 소가 물을 마시면 우유를 이룬다'는 말과 같이, '슬기로운 배움은 깨달음을 이루고 어리석은 배움은 생사를 이룬다' 함이 바로 이를 두고 하는 말이니라.

若遇宗師陞座說法　切不得於法　作懸崖想　生退屈心
약 우 종 사 승 좌 설 법　절 부 득 어 법　작 현 애 상　생 퇴 굴 심

或作慣聞想　生容易心　當須虛懷聞之　必有機發之時
혹 작 관 문 상　생 용 이 심　당 수 허 회 문 지　필 유 기 발 지 시

不得隨學語者　但取口辦　所謂蛇飮水　成毒　牛飮水
부 득 수 학 어 자　단 취 구 판　소 위 사 음 수　성 독　우 음 수

成乳　智學　成菩提　愚學　成生死　是也
성 유　지 학　성 보 리　우 학　성 생 사　시 야

공부를 하고 법문을 듣는 데 있어서 경계해야 할 일들이다. 현애상縣崖想과 관문상慣閞想으로 대표되는 두 가지를 들어서 법문을 들을 때의 자세를 설명하고 있다. 학인 시절에는 어느 스님이 법문을 한다고 하면 또 이런저런 이야기를 하겠구나 하고 미리 짐작하여 판단해서는 지루한 시간을 어떻게 보낼까 궁리했다. 그리고 너무 어려운 법문이 있을 때는 도대체 사람들이 이해하지 못하는 저런 법문을 왜 하는가 하는 의문을 가지면서 졸다가 법문 듣는 시간을 허비해 버리는 경우도 많았다.

법문을 하는 분이나 듣는 사람이나 근기가 맞아야 한다고는 하지만 근기가 맞지 않는 것이 일반적인 일이다 보니 모든 것이 너무 어렵다. 강주 소임을 맡고 주지를 맡다 보니 어른 스님들과 같은 상당법문은 아니더라도 자주 대중을 접하고 말들을 하게 되는데 막상 법문하는 입장이 되고 보니 더 어렵다.

일찍이 대혜종고 스님은 손상좌인 고산체 장로에게 보낸 편지에서 "고덕이 이르시되, 내가 만약 한결같이 종교만 드날릴진댄, 법당 앞에 풀이 한 길이나 깊으리니, 모름지기 사람을 사서 집을 돌보게 하여야 비로소 옳을 것이다."라는 장사 경잠 스님의 말을 전함으로써 법문하는 자세를 단적으로 보여 주고 있다.

어려운 걸 싫어하는 요즘 사람들에게 부처님의 진리의 가르침을 어떻게 전할지의 고민 중 하나가 쉽고 재미있어야 한다는 것이다. 대혜종고 스님은 어렵게 법문하면 마당 한가운데 풀이 무성하게 자랄 정도로 사람들이 찾지 않아 폐허처럼 될 것이라는 엄중한 경고의 말을 전한다. 이 말씀을 실천하지 않으면 불자들이 줄어드는 것을 피할 수 없다. 문지방이 닳도록 많은 사람이 오는 것도 원치 않지만 풀이 자라게 해서는 안 될 일이다. 그리고 듣는 스님들의 입장에서는 쉽고 어렵다는 생각을 비워 버리고 텅 빈 마음으로 어른 스님의 법문을 받아들일 때 조금이라도 소득이 있을 것이다.

뒤이어서 조금의 배움으로 말만 앞세우는 그런 사람들을 경계하고 있는데 수행자나 재가자나 제일 경계해야 할 것 중의 하나다. 요즘은 유튜브 등을 보고 지극히 개인적인 자기의 배움을 드날려서 사람을 현혹하는 일들이 비일비재한데, 이를 받아들이는 사람들이 올바로 볼 줄 알아야 함을 말하고 있다.

　다음으로 이어지는 것은 똑같은 물이 독을 이루기도 하고 우유를 이루기도 하는 비유로 지혜로운 배움과 어리석은 배움이 이르는 곳을 명확히 밝히고 있다. 요즘은 같은 사안을 가지고도 독으로 보거나 우유로 보거나, 혹은 어리석거나 지혜롭기도 한 일들이 많다. 이 시대에서 우리는 어떤 부류가 되어야 할 것인가를 명확히 밝히고 있는 내용이다.

　법당 앞의 잔디가 여름을 지나며 많이도 자랐다. 두어 번 깎았는데도 그렇다. 올해의 마지막으로 잔디를 깎으며 마음속에도 법당 앞에도 더 이상 풀이 자라지 않게 잘 관리해야겠다는 생각이 간절히 든다.

○
　　　조금의 배움으로 말만 앞세우는 것은
　　　　　　　　　수행자나 재가자나
　　　　　제일 경계해야 할 것 중의 하나다.

"왜?"

또한 법사法師에 대해 업신여기는 생각을 내지 말라. 그로 인하여 도에 장애가 되면 닦아 나아가지 못하게 될 것이니 지극히 조심할지어다. 논論에 이르기를 "어떤 사람이 밤길을 가는데 죄인이 횃불을 들고 가는 것을 만났을 때 만약 그 사람이 나쁘다는 이유로 불빛을 받지 않으면 구렁텅이에 빠지고 말 것이다."라고 하였으니, 설법을 들을 때는 마치 살얼음을 밟고 가듯이 간절히 눈과 귀를 기울여 깊고 깊은 진리의 소리를 들어야 하며 마음을 가다듬어 그 깊은 이치를 음미하고 법사가 당에서 내려가면 묵묵히 앉아서 관하되 어떤 의심되는 게 있거든 선지식에 널리 물을 것이며 아침저녁으로 생각하고 물어서 털끝만큼이라도 넘치지 않게 해야 할 것이다. 이와 같아야 이에 가히 바른 믿음을 내어서 도를 품고 사는 사람이라 할 수 있을 것이다.

又不得於主法人　生輕薄想　因之於道　有障　不能進修
우 부 득 어 주 법 인　생 경 박 상　인 지 어 도　유 장　불 능 진 수

切須愼之　論　云　如人　夜行　罪人　執炬當路　若以人
절 수 신 지　논　운　여 인　야 행　죄 인　집 거 당 로　약 이 인

惡故　不受光明　墮坑落塹去矣　聞法之次　如履薄氷
악 고　불 수 광 명　타 갱 락 참 거 의　문 법 지 차　여 리 박 빙

必須側耳目而聽玄音　肅情塵而賞幽致　下堂後　默坐
필 수 측 이 목 이 청 현 음　숙 정 진 이 상 유 치　하 당 후　묵 좌

觀之　如有所疑　博問先覺　夕惕朝詢　不濫絲髮　如是
관 지　여 유 소 의　박 문 선 각　석 척 조 순　불 람 사 발　여 시

乃可能生正信　以道爲懷者歟
내 가 능 생 정 신　이 도 위 회 자 여

앞의 내용에 이어서 법문을 듣는 자세와 법문을 듣고 나서는 어떻게 해야 할 것인가를 밝히고 있는 단락이다. 의문 나는 것에 대해서 어떻게 해야 할 것인가를 명확히 말하고 있는 내용이다. 세속의 일이나 배움에 있어서도 우리의 가장 큰 잘못은 '왜?'라는 의문을 가지지 않고, 의문이 생겨도 어디 가서 어떻게 물어서 그 의문을 해결해야 하는지를 모르는 것이다. 불가佛家에서는 이보다 더 나아가 교육의 한 방법이자 수행의 진행과정을 점검해 나가는 길로 선문답의 전통을 이어 왔다. 요즘은 어디 가서 무엇을 묻는 과정들이 생략되고 선문답의 전통이 조금은 희미해지는 세상이다. 그래도 의문을 푸는 열쇠는 그 의문이 절실해질 때 선지식을 찾아 묻는 것이다. 혼자서 해결할 수 있으면 좋으련만 그렇지 못한 사람이 의심을 해결할 수 있는 가장 좋은 방법은 그 의문을 자신보다 나은 사람들에게 물어서 해결하는 것이다. 이 질문이라는 것은 동서고금을 막론하고 의문을 해결하는 가장 좋은 방법이었다. 불교뿐만 아니라 모든 교육에서도 우선시하는 교육 방법의 하나였지 않은가 하는 생각이다. 우리나라의 교육은 암기 중심이라서 의문을 가지고 사유하는 쪽으로 방향을 바꾸어 가야 한다는 의견이 있다. 하지만 더 우선인 것은 의문을 갖고 묻는 것이다.

법을 설하는 사람에 대해서 가져야 할 마음가짐을 계속 이어 말하고 있다. 경박상輕薄想을 내지 말아야 한다고 했는데 업신여기고 가벼이 여기는 마음이다. 물론 법사에 대해서 좋고 나쁨이 있기는 하겠지만 경박상까지 내는 사람들은 거의 없을 것이다. 그런 마음을 내는 이에게 어찌 도가 있을 수 있겠는가. 장애 이전에 도의 종자가 썩어 버릴 것이 분명하기 때문이다. 그렇기 때문에 법문을 들을 때는 마음가짐을 단단히 하고 절실한 마음으로 들어야 한다.

이어서 죄지은 사람이 든 등불에 대한 비유는 법문의 가치는 사람에 있지 않고 그 법의 내용에 있음을 밝히고 있다. 일찍이 중국의 등소평도 흑묘백묘론黑猫白描論 즉 검은 고양이든 흰 고양이든 쥐만 잘 잡으면 된다고 하여 중국의 개방정책을 이끌어 갔다. 그처럼 좋은 법문에 있어서 그 사람의 승랍이 어떻고, 성별이 어떻고, 출신 지역, 학력이 어떻고 하는 것은 빛나는 불법의 가르침 속에서 가릴 필요가 없다. 모든 불빛을 받아야만 자기의 빛나는 지혜를 개발할 수 있다.

완전한 깨달음

무시로 익혀 온 애욕과 성냄과 어리석음이 마음에 얽히고설
켜 있어 잠시 항복된 듯했다가도 다시 일어나는 것이 마치
하루걸러 앓는 학질과 같나니, 일체 시에 모름지기 수행을
돕는 방편과 지혜의 힘으로써 스스로 뼈를 깎는 아픔으로
막고 지킬지언정 어찌 한가하고 게으른 마음으로 근본 없는
잡담을 즐기며 세월을 헛되이 보내면서 마음을 깨쳐 삼계三界
를 벗어나는 길을 구한다 할 수 있겠는가.

無始習熟 愛欲恚癡 纏綿意地 暫伏還起 如隔日瘧 一
무시습숙 애욕에치 전면의지 잠복환기 여격일학 일

切時中 直須用加行方便智慧之力 痛自遮護 豈可閒
체시중 직수용가행방편지혜지력 통자차호 기가한

謾 遊談無根 虛喪天日 欲冀心宗而求出路哉
만 유담무근 허상천일 욕기심종이구출로재

세월은 사람을 기다려 주지 않는다 했고, 우리의 비롯함 없이 이루어진 습관들은 고치기 참으로 어렵다고 했는데 그러한 내용을 다시 한 번 상기시켜 주는 경책의 말이라고 할 수 있다. 마치 〈발심수행장〉의 내용을 요약해 놓은 것 같은 단락이다.

탐욕貪慾·진에瞋恚·우치愚癡를 삼독이라고 한다. 이 세 가지 번뇌가 중생을 해롭게 하는 것이 마치 독약과 같다고 해서 붙여진 이름이다. 중생을 해롭고 상하게 하는 것이 여기서 벗어나는 바가 없다. 이와는 반대로 삼독심의 번뇌가 완전히 소멸된 상태를 보리菩提라고 하고 열반이라고 한다. 그러니 삼독심이 남아 있는 우리들은 보리열반과는 반대의 개념인 중생일 수밖에 없다. 다만 어쩌다 일상에 수행이 조금 더해져서 탐·진·치 삼독이 어떤 때는 조금 없어진 것 같이 느낄 때가 있는데 이러한 상태도 오래가지 못하고 다른 상황을 만나면 언제든 다시 일어나는 것을 학질에 비유하고 있다.

대혜종고 스님은『서장』에서 돌로 풀을 눌러 놓으면 그 풀이 옆으로 비집고 나오는 비유를 들고 있는데 이는 같은 비유라고 할 수 있다. 완전한 깨달음으로 삼독의 번뇌를 조복 받지 못하면 언제든지 일어날 준비를 하고 있는 것이 이 번뇌라는 것이다. 그것을 학질에 비유하고 있다. 학질은 오한과 열, 빈혈 등이 주기적으로 일어나는 병의 하나로 일반적으로 말라리아로 알고 있는 전염병 중의 하나이다. 모기를 통해서 전염되는 병인데 매년 1억 5,000만 명 정도의 환자가 발생한다. 고려 시대에 이 병을 가지고 와서 우리의 번뇌가 일어나는 모습에 비유하는 것이 참으로 대단하다.

모기가 서식하는 환경이면 일어나는 전염성 강한 말라리아, 그리고 사람이 사는 곳이라면 언제나 일어나고 있는 이 탐·진·치 번뇌의 병은 완전히 퇴치되어야 할 것이고 그러기 위한 더없는 노력이 필요하다. 뼈를 깎는 노력으로 정진해야 함을 밝히고 있는데 그렇지 않고서는 퇴치하기 어려운 질병임에 분명하다.

요즘은 한가로이 사는 것을 최고의 삶의 방식으로 추구하고 있다. 그러나 수행자는 달라야 하지 않을까 하는 생각이다. 누구나 한가롭고 유유자적한 삶을 추구하지만 그것은 욕

망과 성냄과 어리석음의 병이 사라진 자리에나 진정한 한가
로움이 올 수 있는 것이다.

요즘 유행하고 있는 코로나바이러스감염증이 완전히 사라
져야만 우리가 안심하고 마스크를 벗을 수 있듯이, 단지 조금
잦아들었다고 안심하고 한가로운 마음을 먹고 산다면 언제
다시 확산할지 모를 일이다. 벽돌로 풀을 눌러놓아도 옆으로
비집고 나오듯이 번뇌의 생명력이 강할진대 헛되이 세월을
보낼 수 있겠는가? 세월을 헛되이 보내면서 보리열반의 경지
에 올라 삼계를 벗어날 수는 없을 것이다.

학질과 코로나바이러스감염증 같은 질병을 치료하기 위해
백신과 치료제를 열심히 개발하여 상용화시키는 것이 현대
과학의 힘이라면 우리 수행자들은 부지런함과 지혜 방편의
힘을 바탕으로 한 뼈를 깎는 정진만이 탐 · 진 · 치의 세 가지
독을 완전히 없앨 수 있음을 강조하며 그것을 위한 노력을 독
려하고 있는 말씀이다.

계戒·정定·혜慧, 삼학의 완성

다만 뜻과 절개를 굳게 다지고 스스로 채찍질해 게으르지 않도록 하고 그른 줄 알면 바르게 고쳐서 허물을 뉘우치고 조화롭고 부드러운 마음을 가질지어다. 부지런히 닦아 나아가면 관하는 힘이 더욱 깊어지고 연마해 나아가면 수행의 문이 더욱 청정해질 것이다. 불법佛法 만나기 어렵다는 생각을 오랫동안 일으키면 도업이 항상 새로워지고, 항상 기쁘고 다행스럽게 생각하는 마음을 품으면 끝내 물러나지 않을 것이다. 이와 같이 오래 하면 자연히 선정과 지혜가 뚜렷이 밝아져서 자신의 심성을 깨닫게 되며 요술과 같은 자비와 지혜를 써서 중생을 제도하여 인간과 천상의 큰 복의 밭이 될 것이니 간절하게 반드시 힘써야 할 것이다.

但堅志節　責躬匪懈　知非遷善　改悔調柔　勤修而觀力
단 견 지 절　책 궁 비 해　지 비 천 선　개 회 조 유　근 수 이 관 력

轉深　鍊磨而行門　益淨　長起難遭之想　道業　恒新　常
전 심　연 마 이 행 문　익 정　장 기 난 조 지 상　도 업　항 신　상

懷慶幸之心　終不退轉　如是久久　自然定慧圓明　見自
회 경 행 지 심　종 불 퇴 전　여 시 구 구　자 연 정 혜 원 명　견 자

心性　用如幻悲智　還度衆生　作人天大福田　切須勉之
심 성　용 여 환 비 지　환 도 중 생　작 인 천 대 복 전　절 수 면 지

〈계초심학인문〉의 마지막 단락, 결론이다. 결론답게 쉬지 않고 정진할 것을 당부하고 있다. 조금은 일반론적인 이야기 같이 들리기도 한다. 그러나 수행과 일상생활에 있어서 우리가 가장 중요하게 마음먹고 실천해야 하는 내용이다.

그 첫째 덕목이 게으름 피우지 않는 정진이다. 요즘은 토끼와 거북이, 개미와 베짱이 이야기 중에서 금과옥조로 여겨져 왔던 부지런함과 성실함의 가치가 퇴색되어 가고 있는 것이 사실이다. 개미보다는 베짱이의 미덕을 칭송하는 일들이 점차 많아지는 세상이지만 그래도 많은 사람들이 성실함과 부지런함을 모든 것의 근본으로 여기고 있다. 특히 수행자는 부지런함이 없다면 어느 것도 이룰 수 없다. 새벽에 일찍 일어나는 것도 그 부지런함을 익히는 일 중의 하나가 아닐까 하는 생각을 해 본다.

그리고 두 번째의 덕목은 자기의 잘못을 바로 볼 줄 알고 고쳐 나가야 함을 말하고 있다. 나 역시도 가장 많이 느끼는 것이지만 많은 사람들이 자기의 잘못에 대해서는 극강의 너그러움을 발휘하곤 한다. 남의 허물에 대해서는 무자비하다가도 자기의 허물에 이르러서는 보통 잘 보지도 못하지만 보더라도 그것을 포장하기에 급급한 것이 요즘 우리들의 모습이 아닌가 싶다. 자기의 허물을 직시하고 고쳐나갈 때 발전이 있고 삶이 도덕적으로 한 걸음 더 나아간다는 사실을 모르는 사람은 없지만 그것을 실천하기란 그 무엇보다도 어려운 일이다. 그 어려운 일의 실천을 말하고 있는 내용이다.

세 번째는 조화롭고 부드러운 마음을 가지고 그것을 표현해 나가는 것이다. 자기중심적인 세상에서 조화롭기가 쉽지는 않지만 어느 것에도 치우치지 않으려는 노력이 끝없이 이어질 때 우리는 조화로움 속에 설 수 있을 것이다. 그런 조화로운 생각 속에서 부드러운 온화함이 저절로 비집고 나와 세상을 좀 더 밝게 하리라는 생각이다.

그리고 항상 불법佛法 만나기 어렵다는 생각을 일으켜야 한다. 『잡아함경』에 전하기로는 불법 만나기 어려움을 '눈이 먼 거북이가 망망대해에서 통나무를 만나는 것처럼 어렵다'는 뜻으로 맹구우목盲龜遇木이라고 밝히고 있다. 이 인연을 너무 수월하게 생각하여 귀중하게 여기지 않을 때가 있는데, 불법을 어렵게 만났으니 사람 몸 받았을 때 수행해야 한다는 생각을 굳게 가져야 수행이 순일해진다는 것을 강조하고 있다. 그렇게 순일하게 수행이 될 때에 선정과 지혜가 밝아져 대복전인 부처를 이룰 수 있다는 것을 결론으로 밝힌다.

〈계초심학인문〉은 계율과 청규에 대해서 많은 부분을 할애하다가 결론적으로는 계戒 · 정定 · 혜慧, 삼학의 완성을 위한 부지런한 수행을 밝히고 있다.

게으르지 말며
나의 잘못을 바로보고
조화로운 마음을 가져라.

자경문
自警文

허물을 보고 반성해 나아갈 때

주인공아! 나의 말을 들으라. 몇 사람이 불법佛法 문중에서 도를 얻었거늘, 너는 어찌하여 오랫동안 괴로운 세계 중에 있는가? 네가 무시이래로 금생에 이르기까지 깨달음을 등지고 티끌의 경계에 합하고 어리석음에 떨어져 많은 악업을 지어 삼악도의 괴로운 윤회 속에 빠져 선업을 닦지 않고 사생의 업의 바다에 빠져 있음이로다. 몸이 여섯 도둑을 따르는 까닭에 혹 나쁜 세계에 떨어져 지극히 고통스럽고, 마음이 일승을 등진 까닭에 혹 사람으로 태어나더라도 부처님 전이나 부처님 후로다. 지금 다행히 사람 몸을 받았으나 바로 이 부처님 가신 말세이니 슬프고 슬프도다. 이것이 누구의 허물인가? 비록 그러하나 애정을 끊고 출가하며 발우를 지니고 법복을 입어 티끌 세상 벗어나는 지름길을 밟아 번뇌 없는 묘한 법을 배우면, 용이 물을 만난 것 같고 호랑이가 산을 의지한 것과 같을 것이니, 그 수승하고 묘한 도리는 이루 말할 수 없느니라.

主人公 聽我言 幾人 得道空門裏 汝何長輪苦趣中
주인공 청아언 기인 득도공문리 여하장륜고취중

汝自無始以來 至于今生 背覺合塵 墮落遇癡 恒造衆
여자무시이래 지우금생 배각합진 타락우치 항조중

惡而入三途之苦輪 不修諸善而沈四生之業海 身隨六
악이입삼도지고륜 불수제선이침사생지업해 신수육

賊故 或墮惡趣則極辛極苦 心背一乘故 或生人道則
적고 혹타악취즉극신극고 심배일승고 혹생인도즉

佛前佛後 今亦幸得人身 正是佛後末世 嗚呼痛哉 是
불전불후 금역행득인신 정시불후말세 오호통재 시

誰過歟 雖然 汝能反省 割愛出家 受持應器 着大法
수과여 수연 여능반성 할애출가 수지응기 착대법

服 履出塵之逕路 學無漏之妙法 如龍得水 似虎靠山
복 이출진지경로 학무루지묘법 여용득수 사호고산

其殊妙之理 不可勝言
기수묘지리 불가승언

우리는 보통 자기의 잘못이나 허물을 말하기 이전에 세상을 탓하는 경우가 많다. 말세라고 말해 버림으로써 고단한 삶에서 우리의 허물을 좀 벗어날 수 있다고 보기 때문일 것이다. 그러나 수행자 이전에 인간으로서 발전하려면 자기 자신의 허물을 먼저 보고 반성할 때 미래가 열린다. 시대는 언제나 어렵고, 언제나 말세일 수 있으나 그 시대에 수행자나 일반인이 어떻게 대처해 나가느냐에 따라 용이 물을 만난 것 같기도 하고 호랑이가 산을 기댄 것 같은 자기의 시대로 만들어 나갈 수 있을 것이다.

많은 사람들이 불법 문중에 들어와 도를 이루고 있는데 자기는 그렇지 못하다는 반성으로 시작하는 이 〈자경문〉의 첫 구절은 철저한 반성이 먼저여야 함을 우리들에게 보여 준다. 사람 몸 받기 힘들다 했는데 얼마나 많은 괴로움의 세계를 떠돌다가 사람 몸을 받고 다행히 발우를 지니고 법복을 입고 수행하게 되었는가를 하나하나 열거함으로써 현재 나의 모습이 어떻게 이루어졌으며 현재 이 모습 속에서 찾아가야 할 올바른 길에 대해 말하고 있다. 우리는 사람 귀한 줄 모르고 스님이 된 것을 귀한 줄 몰라 쉽게 생각한다.

우리의 현재 위치에서 자기를 점검하고 좀 더 좋은 면을 보면서 앞으로 나아갈 길을 모색해야 함을 보여 주고 있는 내용이다. 스스로에게 경책과 함께 앞으로 나아갈 힘과 용기를 주는 것이 무엇보다 중요함을 알려 준다.

자경문

말세라고 근심만 할 것인가?

사람에게 옛날과 지금이 있을지언정 법에는 멀고 가까움이 없으며, 사람에게 지혜롭고 어리석음이 있을지언정 도道에는 성했다 쇠했다 함이 없나니, 비록 부처님이 계시는 때 있었다 하나 부처님의 가르침을 따르지 아니한 즉 무슨 이익이 있으며, 비록 말세에 살더라도 부처님의 가르침을 받들어 행한 즉 무슨 해로움이 있으리오. 그러므로 부처님이 말씀하시기를, "나는 좋은 의사와 같아서 병을 알아 약을 시설하나니, 복용하고 복용하지 않는 것은 의사의 허물이 아니며 또 나는 길을 잘 인도하는 이와 같아서 사람을 좋은 길로 인도하나 듣고도 행하지 아니함은 인도자의 허물이 아니니라. 자기를 이익되게 하고 남을 이익되게 하는 것이 법에 다 갖추어져 있으니 만약 내가 오래 머물러 있다 할지라도 더 이익되는 바는 없느니라. 지금 이후로 나의 제자들이 열심히 행한다면 여래의 법신이 항상 머물러 멸해 가지 않을 것이다."라고 하셨다. 만약 이와 같은 이치를 알면 다만 스스로 도를 닦지 않음을 한탄할지언정 어찌 말세라고 근심만 하고 있겠는가?

人有古今　法無遐邇　人有愚智　道無盛衰　雖在佛時
인 유 고 금　법 무 하 이　인 유 우 지　도 무 성 쇠　수 재 불 시

不順佛敎則何益　縱値末世　奉行佛敎則何傷　故　世尊
불 순 불 교 즉 하 익　종 치 말 세　봉 행 불 교 즉 하 상　고　세 존

云　我如良醫　知病設藥　服與不服　非醫咎也　又如善
운　아 여 양 의　지 병 설 약　복 여 불 복　비 의 구 야　우 여 선

導　導人善道　聞而不行　非導過也　自利利人　法皆具
도　도 인 선 도　문 이 불 행　비 도 과 야　자 리 이 인　법 개 구

足　若我久住　更無所益　自今而後　我諸弟子　展轉行
족　약 아 구 주　갱 무 소 익　자 금 이 후　아 제 제 자　전 전 행

之則如來法身　常住而不滅也　若知如是理則但恨自不
지 즉 여 래 법 신　상 주 이 불 멸 야　약 지 여 시 리 즉 단 한 자 불

修道　何患乎末世也
수 도　하 환 호 말 세 야

시절인연을 만나지 못했다고 한탄하는 이들이 많다. 시절인연이 도래하여 순풍에 돛을 단 듯 수행이나 다른 여타의 하는 일들이 순일하면 좋겠지만 우리의 뜻과는 정반대로 흘러가기 쉬운 것이 인생이라는 생각이 들 때도 있지만, 그런 마음을 품지 말아야 한다고 단단하게 호통치는 말씀이다.

부처님께서는 자주 의사의 비유를 들고 계시는데 그 대표적인 것이 사성제를 의사의 병을 치료하는 방법을 차용해서 설하셨다니 무슨 말이 더 필요하겠는가? 그리고 길을 잘 안내하는 사람이라는 말도 자주 등장한다. 빠른 길을 안내하는 자동차 내비게이션만 해도 고마울 따름인데, 좋은 방향을 잡아 주는 훌륭한 스승이라면 정진에 더없이 필요한 존재이다. 이렇게 좋은 의사와 좋은 길잡이를 만나는 인연이 있더라도 그것을 행하고 행하지 않는 것은 본인의 몫이다.

우리는 아프면 의사를 찾는다. 그것도 아픈 정도에 따라 간절함이 달라진다. 몸이 아프면 아주 착한 아이와 같이 의사의 말에 고분고분 따른다. 그러나 조금 차도가 있어 움직일 만해지면 의사의 말을 믿는 강도는 자기의 게으름과 자만심 등의 여러 요인에 굴복되어 약해진다. 점점 의사의 충고와는 거리가 먼 행동들이 나타나기 시작하는 것이다. 그러다가 다시 몸이 아프곤 한다.

우리가 진리를 대하는 경우도 마찬가지다. 진리에 목말라 하는 사람의 경우 그 어떤 것도 놓치지 않으려 노력하지만 조금 지나면 다 알고 있는 듯이 스스로 길잡이가 되는 경우가 많다. 부처님의 유훈과 같은 말씀을 끌어와서는 스스로에게 말세라고 한탄만 해서는 안 될 일이라고 스스로에게 경책하고 있다.

핑계를 대기 가장 좋은 것이 '환경'이다. 이 환경적인 문제에서 불교인이 가장 쉽게 말하는 것이 말세라는 단어다. 말세라는 말은 『금강경』과 『대집경』 등 여러 곳에서 설하고 있는데 『금강경』의 「정신희유분」에서는 말세 중생이 얼마나 바르게 부처님의 가르침을 이해할 수 있을까 염려하는 수보리의 질문을 싣고 있다. 이에 말세 중생의 근기에 알맞은 수행 지침을 내려 주는 부처님의 답을 볼 수 있다.

그만큼 말세에 태어난 중생이 부처님의 가르침을 바르게

믿는다는 것은 매우 희유한 일임에 분명하다. 그러니 세상에 태어나 말세라고 한탄만 하지 말고 희유한 일을 조금씩 해나가는 것도 말세인의 의무가 아닐까.

모든 것을 다 하고 살 수는 없다

간절히 바라노니, 그대는 반드시 맹렬한 뜻을 일으키며 특히 통달한 마음을 열어 모든 반연을 다 버리고 전도된 것을 제거하며 진실로 생사 대사를 위하여 조사의 공안 상에서 마땅히 잘 참구하여 크게 깨닫는 것으로 법칙을 삼고, 간절히 스스로를 가볍게 여겨 물러나지 말지어다. 말법에 성인이 가신 지는 오래되어 마구니는 강해지고 법이 약해져 사람들이 삿되고 사치한 이가 많아 수행을 이루려는 자는 적고 실패하는 자가 많으며, 지혜로운 이는 적고 어리석은 이가 많아서 스스로 도를 닦지 않고 타인을 괴롭히나니, 무릇 도를 장애하는 인연은 말로 다 할 수 없음이라. 그대가 길을 잘못 들까 두려워하는 연고로 나의 좁은 소견으로 열 가지 문을 지어 그대로 하여금 경책하게 하노니, 그대는 반드시 믿고 지녀서 하나도 가히 어김이 없기를 지극히 빌고 비노라. 게송으로 말하노라.

　어리석은 마음으로 배우지 않아 교만만 증장하고

어리석은 뜻으로 수행이 없어 아상과 인상만 기름이로다.

주린 배에 교만한 마음은 굶주린 호랑이 같고

무지하여 방일함은 거꾸로 된 원숭이 같네.

삿된 말 마구니 말은 긍정하여 들으면서

성인의 가르침과 어진 이의 말씀은 고의로 듣지 않음이로다.

선도에 인연이 없는데 누가 그대를 제도하리오.

악도에 길이 빠져 고통이 몸을 얽을 것이니라.

伏望　汝須興決烈之志　開特達之懷　盡捨諸緣　除去顚
복망　여수흥결렬지지　개특달지회　진사제연　제거전

倒　眞實爲生死大事　於祖師公案上　宜善參究　以大悟
도　진실위생사대사　어조사공안상　의선참구　이대오

爲則　切莫自輕而退屈　惟斯末運　去聖時遙　魔强法弱
위칙　절막자경이퇴굴　유사말운　거성시요　마강법약

人多邪侈　成人者少　敗人者多　智慧者寡　愚癡者衆
인다사치　성인자소　패인자다　지혜자과　우치자중

自不修道　亦惱他人　凡有障道之緣　言之不盡　恐汝錯
자불수도　역뇌타인　범유장도지연　언지부진　공여착

路故　我以管見　撰成十門　令汝警策　汝須信持　無一
로고　아이관견　찬성십문　영여경책　여수신지　무일

可違　至禱至禱　頌曰
가위　지도지도　송왈

　　愚心不學增憍慢　癡意無修長我人
　　우심불학증교만　치의무수장아인

空腹高心如餓虎　無知放逸似顚猿
공 복 고 심 여 아 호　무 지 방 일 사 전 원

邪言魔語肯受聽　聖教賢章故不聞
사 언 마 어 긍 수 청　성 교 현 장 고 불 문

善道無因誰汝度　長淪惡趣苦纏身
선 도 무 인 수 여 도　장 륜 악 취 고 전 신

결연한 뜻을 품지 않으면 스스로 가볍게 여겨서 물러나는 것이 다반사인 세상이다. 수행자나 속세의 사람들이나 여러 반연 속에서 강해지기보다는 반연으로 인하여 약해지는 일이 많다.

반연으로 인해서 여러 도움을 받으며 성장해 가는 것이 인간이다. 그 속에서 우리가 성장한다는 것은 부처님의 연기의 법, 인연의 법을 거스르지 않는 일임에 분명하다. 그러나 거기서 한 발 나아가 반연을 끊고 결연한 뜻을 세우지 않는다면, 반연과 세상의 온갖 조건에 매여 꼼짝달싹할 수 없는 것이 우리의 모습이라는 생각이 든다. 더욱이 깨달음을 향해 나아가는 수행자나 국민의 대변인이 되겠다는 정치인이 더욱 그러하지 않은가. 시절에서 조건을 탓하기에는 이미 너무 늦어 버린 것이 수행자의 길이고 정치인의 길인 것이다.

다른 이와 다른 결연한 뜻이 없다면 한 발자국도 앞으로 나아갈 수 없는 현실을 타파해야 함을 스스로에게 경책하는 내용이다. 세상 재미나고 좋은 것을 다 하고 살 수 없는 것은 일반인들도 마찬가지다. 하물며 깨달음을 향해 나아가는 수행자는 더욱더 그러할 것이다. 다 하고 살 수는 없다. 그런고로 하루하루 새롭게 스스로를 경책하며 결연한 뜻을 세워 나가야 한다는 야운 스님의 말씀은 이 시대를 살아가는 모두를 경책하는 말씀이다.

올바른 수행자, 올바른 정치인, 올바른 생활인이 되고자 한다면 어찌 결연한 뜻이 없고서야 되겠는가? 새해를 맞아 새 기는 마음이 아니라 수시로 결연한 뜻을 세워도 우리의 마음은 흐트러지기 쉬운데 언제나 자기 스스로를 채찍질하는 가슴 저미는 한마디 말은 지니고 있어야 하지 않을까.

자경문

출가 전후 몸무게는 어떤가?

그 첫 번째는 좋은 옷과 맛있는 음식을 수용하지 말아야 할 것이다. 스스로 씨를 뿌려 경작함으로부터 먹고 입는 데 이르기까지 많은 사람과 소의 공력이 많고 중할 뿐만 아님이라. 또한 이에 곁 생명들의 손해가 무궁하거늘 저들의 공을 수고롭게 하여 나를 이익되게 하는 것도 오히려 하지 말아야 할 것인데, 하물며 다른 이의 생명을 죽여 자기가 살기를 어찌 용서하겠는가. 농부도 매양 굶주림의 고통이 있고 직녀도 계속 몸을 가릴 옷이 없는데 하물며 나는 늘 손을 놀려 두었으니 춥고 배고픔을 어찌 싫어하리오. 좋은 옷과 맛있는 음식은 은혜만 무겁고 도에는 손해가 되는 것이요, 해진 옷과 풀떼기 음식은 반드시 시주를 가볍게 하고 음덕을 쌓는 것이라. 금생에 마음을 밝히지 못하면 물방울도 소화하기 어려울 것이니라. 게송으로 말하기를,

채소와 뿌리, 나무 열매로 주린 창자를 위로하고

소나무 잎과 풀 옷으로 몸을 가리고

들의 학과 푸른 구름으로 반려를 삼고

높은 산과 깊은 골에서 남은 생을 보낼지어다.

其一 軟衣美食 切莫受用 自從耕種 至于口身 非徒
기일 연의미식 절막수용 자종경종 지우구신 비도

人牛 功力多重 亦乃傍生 損害無窮 勞彼功而利我
인우 공력다중 역내방생 손해무궁 노피공이리아

尙不然也 況殺他命而活己 奚可忍乎 農夫 每有飢寒
상불연야 황살타명이활기 해가인호 농부 매유기한

之苦 織女 連無遮身之衣 況我長遊手 飢寒 何厭心
지고 직녀 연무차신지의 황아장유수 기한 하염심

軟衣美食 當恩重而損道 破衲蔬食 必施輕而績陰
연의미식 당은중이손도 파납소식 필시경이적음

今生 未明心 適水 也難消 頌曰
금생 미명심 적수 야난소 송왈

菜根木果慰飢腸 松落草衣遮色身
채근목과위기장 송락초의차색신

野鶴青雲爲伴侶 高岑幽谷度殘年
야학청운위반려 고잠유곡도잔년

가을이 실종되고 겨울이 바로 찾아온 것 같은 시간이 계속되고 있다. 바람이 많은 언덕에 살다 보니 겨울의 추위가 매섭다는 것을 아시고 신도님 한 분이 방안에 치는 작은 텐트를 보내왔다. 열심히 텐트 살을 끼워 완성하고 나서 이 글을 대하니 부끄럽기 짝이 없다.

어떤 이들은 세상 뭐 있느냐고 말하면서 잘 먹고 잘 입는 것들을 이야기하곤 한다. 모든 일이 잘 먹고 잘 살기 위해서 하는 일이지 않느냐는 말이다. 이 말은 일반 사람들의 입장에서는 진리일 수 있고 또 그 진리를 위해 아침이면 일어나 추위를 뚫고 직장으로 나가고 있다. 그러나 절집에 들어와서 사는 사람은 이와는 달라야 함을 스스로의 경책을 빌려 우리들에게 설파하고 있다.

언젠가 법정 스님께서는 출가하기 전과 출가한 이후의 몸무게에 대한 말씀을 했다. 출가하고 몸무게가 느는 것은 도둑과 같다는 요지의 말이었는데 충격을 받아 다이어트를 한 적이 있다. 아무리 노력해도 출가 이전의 몸무게로 돌아갈 수 없어 좌절하다가 포기했다. 그리고 다시 맛있는 음식을 먹고는 지난날들이 뇌리를 스치며 얼굴이 붉어졌다. 그리고 동국대 교수이셨던 호진 스님은 "아무리 좋은 음식이라도 만 원 이상의 식사는 할 수 없다."는 생생한 가르침을 주셨다. 더욱더 부끄러울 따름이다.

　스님들의 옷이 다양해지고 조금씩 변화를 거치고 있어도 승복은 대부분 거기서 거기라는 생각을 갖는 사람이 많지만, 음식에 대한 입장은 그렇지 않은 것 같다. 이 글에서 첫째로 주의해야 한다고 밝힌 음식과 옷에 대한 철저한 경계만이 스스로의 생활이 타락하지 않도록 하는 지름길이 아닐까 하는 생각이 든다. 반대로 이 둘에 관여치 않고 자유롭게 활보한 잘못으로 지탄의 대상이 되고 스스로를 망하는 길로 이끄는 경우를 종종 보는데 우리들 누구나 경계해야 될 말씀이다.

스스로 경계하라

그 두 번째는 자기의 재물에 대해 인색하지 말고 남의 물건을 구하지 말지어다. 지옥, 아귀, 축생의 고통 중에 탐하는 업이 그 처음이요, 육바라밀의 문 가운데 보시를 행함이 으뜸이니라. 아끼고 탐하는 것은 좋은 길을 막음이요, 자비로운 보시는 반드시 악한 길을 막느니라. 만약 가난한 사람이 와서 구걸하거든 비록 궁핍하더라도 아끼지 말라. 올 때 한 물건도 가져오지 않았음이요, 갈 때도 역시 빈손으로 가는 것이니라. 자기 재물을 그리워하는 뜻이 없어야 하거든 다른 이의 물건에 어찌 마음을 두리오. 아무것도 가져가지 못함이요, 오직 업만이 나를 따를 뿐이라. 삼일 동안 닦은 마음은 천 년의 보배요. 백 년 동안 탐한 물건은 하루아침의 티끌이니라. 게송으로 말하노라.

지옥, 아귀, 축생의 고통은 본래 무엇으로 인해 일어나는가?
다만 이 다생 동안 탐욕의 생각 때문이네.

우리 부처님은 가사와 발우로 족하였거늘

어떻게 쌓아 모아서 무명을 기르겠는가.

其二　自財　不悋　他物莫求　三途苦上　貪業　在初　六度
기이　자재　불린　타물막구　삼도고상　탐업　재초　육도

門中　行檀居首　慳貪　能防善道　慈施　必禦惡徑　如有
문중　행단거수　간탐　능방선도　자시　필어악경　여유

貧人來求乞　雖在窮乏　無悋惜　來無一物來　去亦空
빈인내구걸　수재궁핍　무린석　내무일물래　거역공

手去　自財　無戀志　他物　有何心　萬般將不去　唯有業
수거　자재　무연지　타물　유하심　만반장불거　유유업

隨身　三日修心　千載寶　百年貪物　一朝塵　頌曰
수신　삼일수심　천재보　백년탐물　일조진　송왈

　三途苦本因何起　只是多生貪愛情
　삼도고본인하기　지시다생참애정

　我佛衣盂生理足　如何蓄積長無明
　아불의우생리족　여하축적장무명

인색한 것도 죄악이라는 말과 소욕지족少欲知足이 생각나는 구절이다. 철저한 두타행은 아니더라도 만족할 줄 알며 욕심을 더 부리지 않는 삶은 얼마나 청빈하고 아름답겠는가? 현대사회의 가장 큰 문제점인 물질에 대한 욕망과 다른 것들에 대한 탐욕을 스스로 경계하는 것이다.

법정 스님의 무소유처럼 대다수의 사람들은 적은 것에 만족하는 것을 긍정적으로 받아들이고 좋아하지만 정작 본인의 문제에 있어서는 욕망을 억제하지 못하는 경우가 많다. 아니 거의 대부분의 사람들은 이런저런 욕망의 노예가 되어 산다고 해도 과언이 아니다.

『금강경』「제6 정신희유분」에서 "후오백세에 믿는 사람이 있겠습니까?" 하는 수보리의 질문에 부처님께서는 "능히 계를 지키고 복을 닦는 자는 깨끗한 믿음을 내고 이것으로써 실다움을 삼을 것이다."라고 말씀하신다. 이는 계戒를 지키고 복福을 닦는 것이 성불의 기초가 됨을 분명히 말하고 있는 내용이다.

이에 대해 『강미농의 금강경 강의』에서는 "복과 지혜를 쌍으로 닦는 것은 마치 수레의 두 바퀴가 하나라도 어긋나면 갈 수 없는 것과 같다. 수행자는 능히 이와 같이 해야 바야흐로 능히 양족존兩足尊을 이룰 수 있다."고 강조하고 있다. 여기에서 복을 닦는 방법으로 보시를 설하고 있는 것이다. 『금강경』 곳곳에 나오는 보시는 지혜를 닦아 나감에 있어 반드시 복을 닦아야 함을 강조하고 있다.

만약에 지혜를 배우고자 하면 모름지기 모든 악을 짓지 말고 모든 선을 받들어 행해야 한다고 했다. 악을 짓지 않는 것이 '계'요, 선을 행하는 것이 '복'일 것이다. 그리고 앞에서 보시를 행하는 것이 지혜에 들어가는 가장 쉬운 문이라고 하는데 우리가 어찌 보시를 행하지 않고 하물며 인색함을 드날려서야 되겠는가? 스스로에게 인색하지 말고 많은 이들에게 베풀 것을 스스로 다짐하는 말씀이다.

입은 화의 문

셋째는 입으로 많은 말을 하지 말고 몸은 가볍게 움직이지 말지어다. 몸을 가볍게 움직이지 않은 즉 산란함을 쉬고 선정을 이룰 수 있음이요, 입으로 많은 말을 하지 않은 즉 어리석음을 돌려서 지혜를 이룰 수 있을 것이니라. 실상은 말을 여의었음이요, 진리는 움직이지 않느니라. 입은 이 화의 문이니 반드시 엄하게 지켜나가야 하고 몸은 이에 재앙의 근본이니 응당 가벼이 움직이지 말아야 할 것이니라. 자주 나는 새는 홀연히 그물에 걸리는 재앙이 있음이요, 가벼이 다니는 짐승은 화살에 상처 입을 재앙이 없지 않느니라. 그런고로 세존께서 설산에 머무르되 육 년을 앉아서 움직이지 않으셨고, 달마대사도 소림에서 구 년을 묵언하고 지내셨으니 후세의 참선자가 어찌 옛 자취를 의지하지 않겠는가. 게송으로 말하니,

　몸과 마음이 선정에 들어 원래 움직임이 없고

묵묵히 풀로 엮은 암자에 앉아 왕래를 끊을지어다.

고요하고 고요해서 하나의 일도 없게 하고

다만 마음의 부처를 찾아 스스로 귀의할지어다.

其三 口無多言 身不輕動 身不輕動則息亂成定 口無
기 삼 구 무 다 언 신 불 경 동 신 불 경 동 즉 식 란 성 정 구 무

多言則轉愚成慧 實相 離言 眞理 非動 口是禍門
다 언 즉 전 우 성 혜 실 상 이 언 진 리 비 동 구 시 화 문

必加嚴守 身乃災本 不應輕動 數飛之鳥 忽有羅網之
필 가 엄 수 신 내 재 본 불 응 경 동 삭 비 지 조 홀 유 라 망 지

殃 輕步之獸 非無傷箭之禍 故 世尊 住雪山 六年
앙 경 보 지 수 비 무 상 전 지 화 고 세 존 주 설 산 육 년

坐不動 達磨居少林 九歲 黙無言 後來參禪者 何
좌 부 동 달 마 거 소 림 구 세 묵 무 언 후 래 참 선 자 하

不依古蹤 頌曰
불 의 고 종 송 왈

  身心把定元無動 黙坐茅庵絶往來
  신 심 파 정 원 무 동 묵 좌 모 암 절 왕 래

  寂寂寥寥無一事 但看心佛自歸依
  적 적 료 료 무 일 사 단 간 심 불 자 귀 의

자경문

그간 얼마나 많은 말을, 그것도 별반 쓸데없는 말을 하며 얼마나 많이 돌아다녔는가를 돌아보게 하는 글이다. 텅 빈 수레가 요란하듯이 말이 많으면 자신이 비어 있음을 증명하는 것만 같다. 그렇다고 말을 하지 않고 살아갈 수는 없다. 그러나 말이 많다는 것은 그만큼의 실수의 가능성이 높고, 밖을 향해 치달리는 마음이 많아 고요하지 않은 마음을 드러내는 것이라고 할 수 있다.

대학 친구 중에 국어 선생님이 있는데 가끔 절에 오면 말을 많이 하는 본인의 고충을 토로하고 간다. 수업이 많다 보니 말을 많이 하게 되고 그러다 보면 방학에 온갖 한약을 달여 먹어야 기력이 회복된다고 한다. 그러면서 덧붙이기를 말을 많이 하는 직업은 참 피곤한 직업이라고 한다. 나도 오랫동안 강원에 몸담고 살다 보니 그간 말을 많이 했다. 강의뿐만 아니라 사람들을 만나다 보니 괜스레 이것저것 묻고 답하고 하는 일들이 많다. 그래서 스스로 고요해지지도 못하고 피로감만 쌓여 가는 것 같다. 주지 소임을 살면 괜찮지 않을까 싶었는데 업은 어쩔 수 없는지, 조석 기도와 사시 기도로 목이 편할 날이 없다. 기도라 하더라도 이만큼 고요해지지 않고 기운을 뺏어 가는데 쓸데없는 말들이 주는 피로감은 그 이상임이 분명하다.

『천수경』에서도 열 가지 참회 중 말에 관련된 것이 네 가지나 될 정도로 말에 대한 신중을 강조하고 있는 것이 부처님의 가르침이다. 또 많은 성인들이 한결같이 강조하고 있기도 하다. 말에 있어서 여러 가지 주의할 것이 많지만 가장 좋은 방법은 역시나 말을 줄이는 것이다. 말을 줄여야 귀가 열리고 다른 이의 말을 들을 수 있으며 자연의 소리도 들을 수 있다. 그리고 무엇보다 우리의 마음이 고요해질 수 있다.

여기서 또 하나 경책으로 삼는 것이 가볍게 움직이는 몸에 대한 것이다. 경솔함을 경계하고, 진중한 행동으로 자기가 받게 될지 모를 상처와 다른 이에게 입히게 될 상처를 줄여나가야 할 것이다.

자경문

좋은 벗을 만난다는 것

그 네 번째는 다만 좋은 벗을 친근히 하고 삿된 벗을 사귀지 말라. 새가 장차 쉬려고 할 때 반드시 그 숲을 가림이요, 사람이 배움을 구함에 벗과 스승을 잘 선택함이니 숲을 가린 즉 그 쉼이 편안하고 스승과 벗을 잘 가린 즉 그 배움이 또한 높아질 것이니라. 그런 연고로 좋은 벗을 받들기를 부모를 모시듯 하고 나쁜 벗을 멀리하기를 원수와 같이 해야 할 것이니라. 학은 까마귀와 벗할 생각이 없는데 봉새가 어찌 뱁새와 벗할 마음을 내리오. 소나무 속의 칡은 천 길이나 솟아오름이요, 띠풀 가운데 나무는 석 자를 넘지 못함이니, 양심 없는 소인배에게서 자주자주 벗어나야 하며 뜻이 높은 무리들과는 자주자주 친할지어다. 게송으로 말하노라.

　　머무르고 경행함에 모름지기 좋은 벗과 함께하고
　　몸과 마음을 잘 가려서 가시덤불 제거할지어다.
　　가시덤불 쓸어 버리면 앞길이 툭 트여

한 걸음도 옮기지 않은 곳에서 조사관을 투과하리라.

其四　但親善友　莫結邪朋　鳥之將息　必擇其林　人之
기사　단친선우　막결사붕　조지장식　필택기림　인지

求學　乃選師友　擇林木則其止也安　選師友則其學也
구학　내선사우　택림목즉기지야안　선사우즉기학야

高　故　承事善友　如父母　遠離惡友　似冤家　鶴無鳥朋
고　고　승사선우　여부모　원리악우　사원가　학무오붕

之計　鵬豈鷦友之謀　松裏之葛　直聳千尋　茅中之木
지계　붕기초우지모　송리지갈　직용천심　모중지목

未免三尺　無良小輩　頻頻脫　得意高流　數數親　頌曰
미면삼척　무량소배　빈빈탈　득의고류　삭삭친　송왈

　　住止經行須善友　身心決擇去荊塵
　　주지경행수선우　신심결택거형진

　　荊塵掃盡通前路　寸步不離透祖關
　　형진소진통전로　촌보불리투조관

세상을 살아갈 때 스승과 친구를 맺는 일은 매우 중요한 인간관계다. 여기서는 스승과 친구를 어떻게 선택할 것인가에 대해 스스로에게 다짐하고 있다. 어떤 친구가 옆에 있는가에 따라 그 사람의 나아갈 길이 훤히 보인다는 말들을 하곤 한다. 살아가는 데 있어 친구나 주위 사람들의 중요함을 강조하는 것이다.

어떤 사람과 인생을 함께해야 할 것인가를 스스로에게 확인시키고 다짐하되, 잘못된 만남을 스스로 경계하는 글이다.

사람으로 시작해서 사람으로 끝나는 것이 인생이라고 할 때 사람을 만난다는 것은 무엇보다 중요하다. 더욱이 보통 이상으로 나쁜 영향을 주는 사람이나 좋은 영향을 주는 사람을 만날 때 우리의 자세는 매우 중요하다고 할 수 있다. 사람 사이에 주고받는 것이 서로에게 영향을 주어 그 사람을 변화시키기 때문이다.

어떻게 하면 좋은 친구를 만날 수 있을까에 대해서 많은 고민들을 하지만, 이것은 가장 어려운 일 중 하나다. 좋은 친구를 찾는다고 해서 만날 수 있는 것도 아니고 오히려 사회생활 중에서 자연스럽게 어우러지는 사람들 속에서 좋고 나쁜 친구들을 만날 수밖에 없기 때문이다. 어떤 이는 당신이 좋은 친구가 되면 되지 않겠느냐고 말한다. 물론 지당한 말이지만 가장 어려운 일이기도 하다. 그러니 좋은 친구를 만난다는 것은 얼마나 어려운 일인가.

서로에게 또는 사회를 위해서, 수행을 위해서 앞으로 나아가는 데 도움이 되는 친구 즉 선善에 도움이 되는 방향으로 서로를 다독이며 나아갈 수 있을 때 좋은 친구가 될 수 있지 않을까 하는 생각이 든다.

좋은 친구 이전에 좋은 스승을 만나는 것도 중요한 일이다. 절에 오면 은사 스님과 인연을 맺게 되는데, 열에 일곱 여덟 정도는 은사 스님 이야기를 시작하면 불만을 털어놓기 일쑤다. 그만큼 스승에 대한 기대치가 높기 때문이 아닐까 하는 짐작은 해 보지만 아직 완전히는 모를 일이다. 강원이나 학교에서도 훌륭한 스승들을 만나기도 하는데 인생을 살아가는 데 여러 가지로 방향을 잡아 주는 중요한 역할을 해 주신다.

좋은 스승과 친구, 그리고 나쁜 친구와 스승은 어떠한가?

어떻게 선택하고 어떤 인간관계를 맺어 나가야 할 것인가를 생각하게 하는 말씀이다.

좋은 친구란,
선善에 도움이 되는 방향으로
서로를 다독이며 나아갈 수 있는 인연.

독사 같은 잠

다섯 번째, 삼경이 아니면 잠자지 말지어다. 오랜 세월 도道에 방해되는 것은 잠의 마구니가 가장 큰 것이다. 하루 24시 중에 뚜렷하게 깨어 있어 의심을 일으켜 흐리멍덩하지 말며, 앉거나 서거나 눕거나 다닐 때 아주 세밀하게 빛을 돌이켜 스스로를 잘 살펴야 할 것이다. 일생을 헛되이 보내면 만겁에 한이 될 것이다. 항상 하지 않은 세월은 찰나라. 이에 날마다 조심하고 두려워해야 할 것이요, 사람의 목숨은 잠깐 사이니 실로 늘 보존할 수는 없느니라. 만약 조사의 관문을 투과하지 못할진대 어떻게 편안히 잠잘 수 있으리오. 게송으로 말하노라.

　독사 같은 잠은

　구름이 마음의 달을 덮어 어둡게 하는 것과 같으니

　수행인이 이에 이르면 다 길에 미혹해짐이로다.

　이러한 중에 취모리(날카로운 칼)를 빼어 들면

구름이 저절로 형체가 없어져 달이 스스로 밝으리라.

其五 除三更外 不許睡眠 曠劫障道 睡魔莫大 二六
기오　제삼경외　불허수면　광겁장도　수마막대　이륙

時中 惺惺起疑而不昧 四威儀內 密密廻光而自看 一
시중　성성기의이불매　사위의내　밀밀회광이자간　일

生 空過 萬劫 追恨 無常 刹那 乃日日而驚怖 人命 須臾
생　공과　만겁　추한　무상　찰나　내일일이경포　인명　수유

實時時而不保 若未透祖關 如何安睡眠 頌曰
실시시이불보　약미투조관　여하안수면　송왈

　睡蛇雲籠心月暗　行人到此盡迷程
　수사운롱심월암　행인도차진미정

　箇中拈起吹毛利　雲自無形月自明
　개중염기취모리　운자무형월자명

잠은 오욕락 중의 하나로 너무 많이 자도, 잠이 너무 없어도 문제이다. 그러나 옛 선사들의 수행관은 거의 대부분이 잠을 많이 자는 것으로 인하여 오는 허물들을 질책하고 있다. 사실 잠은 처음 불문佛門에 들어온 행자 생활부터 괴롭히는 대표적인 욕망 중의 하나이다. 식욕이나 명예욕, 성욕 등이 자리할 여유가 없는 행자 생활 중에 제일 힘들게 하는 것이 잠이다. 특히 젊은 행자들은 절집안과 속가에서 살아왔던 수면 시간의 괴리로 인하여 상당한 고통을 겪는 경우가 많다. 다른 욕망보다도 잠에 굴복당한 경우라 할 수 있다.

절집에서의 생활이 길어지면 대부분의 사람들은 수면 시간의 균형을 맞춰 나간다. 그러나 다시 나이가 들면서는 잠이 오지 않아 너무 일찍 일어나는 경우를 종종 보게 된다. 이것 또한 일반적인 수면의 패턴이라 할 수 없기에 괴로움은 마찬가지이다.

여기서는 과도한 수면으로 수행에 방해되지 않게 해야 한다는 점을 스스로에게 깨우치는 내용이다. 잠자는 시간이 아닐 때 잠자는 것은 잘못된 습관으로 굳어져 수행뿐만 아니라 일상적인 생활도 올바로 할 수 없게 방해하는 경우가 많다. 과도해도, 그렇다고 너무 부족해도 안 되니 참으로 어려울 뿐이다. 스스로의 자제력으로 제어할 수 있는 욕망의 하나라는 생각으로 열심히 제어해 나가야만 한다.

야운 스님은 잠을 독사에 비유하고 있다. 잠이 우리들의 수행뿐만 아니라 일반적인 사회생활 속에서도 독과 같은 존재로 우리들의 일을 방해하는 것으로 보기 때문이다. 물론 수면의 질을 논하는 현대사회에서 잠은 우리의 중요한 일상 중 하나이다. 하지만 그것이 우리들의 깨어 있는 일상을 방해하고 무상한 세월을 헛되이 보내게 할 수 있다. 새벽에 일어나 부지런을 떨 것까지는 없더라도 적절한 수면을 통해 헛되이 흘러가는 시간을 방비해 나가야만 할 것이다.

하심과 겸손

여섯 번째는 절대로 망령되게 스스로를 존대하고 타인을 가볍게 여기지 말지어다. 어짊을 닦아 어진 이 되는 것에는 겸양이 근본이 됨이요, 벗과 친하고 화합하는 것은 공경과 믿음이 으뜸이 됨이니라. 사상(아상, 인상, 중생상, 수자상)의 산이 점점 높아지면 삼악도 고통의 바다가 더욱 깊어지느니라. 밖으로 드러난 위의는 존귀한 듯하나 안으로 얻은 바가 없는 것은 마치 썩은 배와 같으니라. 벼슬이 높은 사람은 마음을 더욱 낮추고 도가 더욱 높은 사람은 뜻을 더욱 낮추어야 하느니라. 인상과 아상이 무너진 곳에 무위의 도가 저절로 이루어지나니, 무릇 하심下心하는 자에게는 온갖 복이 저절로 돌아오느니라. 게송으로 말하노라.

교만의 티끌 속에 지혜는 감춰지고
인상과 아상의 산 위에 무명이 자라는 것을
타인을 업신여기다 배우지 못하고 늙어지면

병져 누워 쓰라린 신음 속에 한탄이 다함없으리.

其六 切莫妄自尊大 輕慢他人 修仁得仁 謙讓 爲本
기육 절막망자존대 경만타인 수인득인 겸양 위본

親友和友 敬信 爲宗 四相山 漸高 三途海益深
친우화우 경신 위종 사상산 점고 삼도해익심

外現威儀 如尊貴 內無所得 似朽舟 官益大者 心益
외현위의 여존귀 내무소득 사후주 관익대자 심익

小 道益高者 意益卑 人我山崩處 無爲道自成 凡有下
소 도익고자 의익비 인아산붕처 무위도자성 범유하

心者 萬福 自歸依 頌曰
심자 만복 자귀의 송왈

憍慢塵中藏般若 我人山上長無明
교만진중장반야 아인산상장무명

輕他不學躘踵老 病臥辛吟限不窮
경타불학룡종로 병와신음한불궁

자경문

"평상시에 한없이 겸손하고 자기 자신에게 한없이 떳떳해야 한다."는 말씀을 자주 하시던 속가 부친의 가르침이 생각난다. 일본에서 고등학교까지 나오고 한국에 들어와 외갓집 동네에서 처가살이를 하셨던 부친은 자식들에게 항상 겸손을 강조하셨다. 물론 일본에서 겪고 배운 것들이 몸에 익어서였겠지만, 지금 생각해 보면 처가살이의 괴로움 속에 겸손할 수밖에 없지 않았나 하는 생각이 든다.

이런 가르침 덕분인지 자기를 내세우는 것에 대해 개인적으로 강한 거부감을 가지고 있다. 하지만 살다 보면 또 자기를 내세우지 않으면 손해 아닌 손해를 보게 된다는 것도 많이 느낀다. 겸손의 미덕은 세상을 살아가는 모두에게 필요한 것이다. 더욱이 수행자는 겸손, 하심을 가장 먼저 배우게 되고 실천해야 하는 사람들이라고 할 수 있다. 겸손하지 않고 자기 자신만 높이다가 도리어 칭찬과 존중보다는 타인의 웃음거리가 되는 경우를 종종 보게 된다.

더욱이 수행자는 사상의 높은 벽을 부수어 나가야만 보살이 될 수 있고 깨달음에 이를 수 있다는 것을 『금강경』을 비롯한 많은 경전들에서 이야기하고 있다. 그렇지 않으면 중생이라고 바로 말하는 구절에 이르러서야 사상에 대한 경각심이 일어나니 스스로 생각해도 아둔한 중생일 뿐이다. 이 사상四相은 아상我相에 집착함으로 말미암아 일어난다고 하고 또『반야심경』의 첫 머리에 '오온개공'이라고 말하고 '일체고액'을 건넌다고 말하니 깨달음에 있어 이 얼마나 중요한 말씀인가.

스스로에게 겸손을 말하고 굳게 지킬 것을 맹세하면서, 후학들에게 겸손하라고 질책하고 있는 야운 스님의 목소리가 생생하게 들리는 듯한 구절이다.

그리고『초발심자경문』을 통틀어 짙게 흐르고 있는 하심과 맥을 같이 하는 말로 하심과 겸손이 수행에서나 일상에서 얼마나 중요한가를 보여 주는 말씀이다.

재물·색의 화는 독사보다 심하다

그 일곱 번째는 재물과 색을 보거든 반드시 정념으로 대할
지어다. 몸을 해치는 것은 여색을 지나는 것이 없고, 도를
잃게 하는 근본은 재물보다 더한 것이 없느니라. 이런 연유
로 부처님께서 계율을 내리셔서 재물과 색을 엄히 금하셨
다. "눈으로 여색을 보거든 호랑이나 뱀을 보듯 하고 몸에
금과 옥이 올 때는 목석과 같이 보라." 하셨느니라. 비록 어
두운 방에 있을 때라도 큰 손님을 대하듯이 하고, 있을 때나
없을 때나 똑같이 하여 겉과 속을 다르게 하지 말지어다. 마
음이 청정한 즉 선신이 반드시 보호하고 여색을 그리워한
즉 모든 하늘 존재가 용서하지 아니하느니라. 선신이 반드
시 보호한 즉 비록 어려운 곳에 있더라도 어려움이 없을 것
이요, 하늘 존재가 용서하지 아니한 즉 이에 편안한 곳에 있
더라도 편안하지 아니할 것이니라. 게송으로 말하기를,

　이양과 욕망은 염라왕이 지옥으로 이끌어 감이요

청정한 행은 아미타불이 연화대에서 접인하느니라.

묶여서 지옥에 들어가면 고통이 천 가지요

배 위에 연꽃이 피어나면 즐거움이 만 가지니라.

其七　見財色　必須正念對之　害身之機　無過女色　喪
기 칠　견 재 색　필 수 정 념 대 지　해 신 지 기　무 과 여 색　상

道之本　莫及貨財　是故　佛垂戒律　嚴禁財色　眼覩女
도 지 본　막 급 화 재　시 고　불 수 계 율　엄 금 재 색　안 도 여

色　如見虎蛇　身臨金玉　等視木石　雖居暗室　如對大
색　여 견 호 사　신 림 금 옥　등 시 목 석　수 거 암 실　여 대 대

賓　隱現同時　內外莫異　心淨則善神　必護　戀色則諸
빈　은 현 동 시　내 외 막 이　심 정 즉 선 신　필 호　연 색 즉 제

天　不容　神必護則雖難處而無難　天不容則乃安方而
천　불 용　신 필 호 즉 수 난 처 이 무 난　천 불 용 즉 내 안 방 이

不安　頌曰
불 안　송 왈

　利慾閻王引獄鎖　淨行陀佛接蓮臺
　이 욕 염 왕 인 옥 쇄　정 행 타 불 접 연 대

　鎖拘入獄苦千種　船上生蓮樂萬般
　쇄 구 입 옥 고 천 종　선 상 생 연 락 만 반

재물과 색에 대해 스스로 경계하는 말씀이다. 여기서도 밝히고 있듯이 재물과 색의 화는 독사보다 심하다는 말이다. 자본주의가 극도로 발달된 이 시대를 살아가는 일반인들에게 이런 말을 들려주면 "그럼 어떻게 살라고?" 하고 한탄할 것이다. 삶을 살아가는 데는 여러 가지 재물이 필요하다. 그것도 '아주 많이' 필요한 세상이 된 지도 오래다. 살아가는 데 필요한 많은 항목이 추가되고 있다.

이런 현대인들에게 돈에 대해 초연하라고 하면 먼 나라 이야기를 한다고 비난 받을지도 모르는 일이다. 그래서 무소유니 소욕지족이니 하는 말들로 그 문제를 해결하기 위해 부단히 노력한 것은 아닐까. 필요한 만큼 갖고 적은 것에 만족하는 삶은 마치 수행자들에게만 해당되는 것처럼 멀게 느껴진다. 이런 삶을 또 이야기하면 그건 수행자들이나 하는 것 아니냐고 말한다.

스스로 재물에 대해 포기할 줄 알아야만 헐떡이지 않을 수 있는데 현실적인 이유로 많은 수행자들이 슬픔에 빠지는 것 같다. 일반적으로 "황금 보기를 돌같이 하라."고 이야기하고 여기서도 "보석과 옥을 보기를 목석과 같이 하라."고 하는데 어찌 보면 황금을 황금으로 정확히 보고 욕망을 내려놓는 연습을 강조하고 있지는 않은가 하는 생각이 든다. 최소한의 것으로 살 수 있는 끊임없는 연습만이 우리를 그 황금과 보배를 바로 보면서도 유혹에서 벗어나게 할 수 있을 것이다. 또한 이성에 대한 경계를 말하고 있는데 이는 수행자들이 특별한 주의를 기울여야 한다는 말씀이다.

재물과 색에 대한 경계는 어떤 경책보다도 많은 분량을 할애하고 있듯이 수행자가 특히 조심하고 조심하지 않으면 이 그물에 걸려서 옴짝달싹할 수 없음을 다시 한 번 상기시키고 있는 것이다. 또한 다른 계율보다 현실 생활에서 더 조심해야 할 그런 경책임에 분명하다. 일체의 오해가 이 재물과 색에 대한 것에서 나오기 때문이기도 하다.

도철饕餮

그 여덟 번째는 세속 사람들과 사귀어서 타인으로 하여금 증오와 질투를 하게 하지 말지어다. 마음 가운데 애정을 여읨을 사문이라 함이요, 세속을 그리워하지 않는 것을 출가라고 함이니라. 이미 애정을 끊고 인간 세상을 떨치고 일어나야 할 것이니 어찌 세속 사람들과 무리를 지어 어울리겠는가. 세속을 그리워하는 것은 도철이니 도철은 원래 도심이 아님이니라. 인정이 짙으면 도심이 멀어지나니 인정을 냉정히 하여 영원히 돌아보지 말지니라. 만약 출가한 본래 뜻을 저버리지 않고자 할진대 반드시 명산을 찾아서 묘한 이치를 탐구하되 가사 한 벌과 발우 하나로 인정을 끊고 주리고 배부른 데 무심하면 도가 스스로 높아질 것이니라. 게송으로 말하노라.

타인을 위하고 자기를 위하는 일이 비록 작은 선이기는 하나

다 이 윤회생사의 인이니

원컨대 솔바람과 칡넝쿨 달빛 아래로 들어가

길이 샘이 없는 조사선을 관할지어다.

其八　莫交世俗　令他憎嫉　離心中愛曰沙門　不戀世俗
기 팔　막교세속　영타증질　이심중애왈사문　불연세속

曰出家　旣能割愛揮人世　復何白衣　結黨遊　愛戀世俗
왈 출 가　기능할애휘인세　부하백의　결당유　애련세속

爲饕餮　饕餮　由來　非道心　人情　濃厚　道心疎　冷却
위도철　도철　유래　비도심　인정　농후　도심소　냉각

人情永不顧　若欲不負出家志　須向名山窮妙旨　一衣
인정영불고　약욕불부출가지　수향명산궁묘지　일의

一鉢　絶人情　飢飽　無心道自高　頌曰
일발　절인정　기포　무심도자고　송왈

爲他爲己雖微善　皆是輪廻生死因
위타위기수미선　개시윤회생사인

願入松風蘿月下　長觀無漏祖師禪
원입송풍라월하　장관무루조사선

세속을 그리워하고 도심을 잃어버린 사람을 도철이라고 했다. 도철饕餮은 희한하게 생긴 짐승으로 먹이를 보면 만족할 줄 몰라 끊임없이 먹기만 해서 제 몸을 해치고 마는 짐승을 말한다. 이처럼 인정이 우리를 이렇게 잠식할 수 있음을 비교하는 말씀이다. 인정에 대해 강력하게 자기 자신에게 경고를 하고자 도철에 비유하고 있다.

사실 인정에 대한 사람들의 생각들은 다양하다. 인정도 없는 사람이라는 말을 들으면 최악의 인간이고 최고로 나쁜 욕인 것 같은 시절이 있었다. 하지만 요즘은 오히려 인정을 베풀지 않는 것이 사회적인 현상이 되어 버린 것 같아 안타까운데, 이 글을 다시 대하니 너무 인정에 끄달려 살아가는 것이 옳지 않다는 생각이 든다.

수행자는 모름지기 그래야 하겠지만 세속의 사람들도 인정을 끊는 것을 넘어서서 좀 더 정확한 계산을 요하는 시대가 된 것 같다. 이런 세상 속에서 수행자가 세속의 사람들과 어울리지 말아야 한다고 말하는 것은 어찌 보면 당연한 말씀이다. 그러나 이미 세상과 소통하고 살아가야 할 승가의 일원으로서 너무 앞길을 꽉 막아 버린 말씀이 아닌가 하는 생각도 든다. 특히 주지 소임을 살고 세상의 여러 이웃들을 돌보는 여러 스님들의 노고를 생각할 때 이렇게 틀어막아 버리는 것만이 옳은 것만은 아닌 것 같다. 우리나라 불교가 조선 시대 이후 사회와 소통하지 못하면서 여러 아픔을 겪었던 역사를 생각하면 더욱더 그렇다는 생각이 든다.

종교의 사회적인 역할 측면에서 보면 정말 답답한 말씀이기는 하나 다른 측면 즉 수행의 면에서 보면 단련되지 못하고 세속과 소통하면서 가져온 병폐와 잘못들을 돌아보게 한다.

아무런 준비 없이 사회에 떨어진 사람처럼은 되지 말아야 한다. 세속의 달콤한 말들에도 꿋꿋하게 수행자의 면모를 보일 수 있는 힘을 기른 연후에 사람들과 소통해야 함을 내포하고 있는 말씀인 것이다. 그래야만 자기의 도심도 잃어버리지 않고 사회적인 역할 등을 할 수 있지 않을까. 복잡하고 빠르게 돌아가는 지금의 시대에 던지는 이 말씀은 올바르게 세속과 소통하는 방법과 세속과 소통할 때의 자세에 대해 곰곰이 생각하게 한다.

타인의 허물을 말하지 말라

아홉 번째는 타인의 허물을 말하지 말라. 비록 좋거나 나쁜 말을 듣더라도 마음을 움직이지 말지니, 덕이 없으면서 칭찬을 듣는 것은 실로 내가 부끄러워해야 할 것이요, 허물이 있어 헐뜯는 말을 듣는 것은 진실로 나의 기쁨이니라. 기뻐하면 즉 반드시 허물을 고칠 줄 아는 것이요, 부끄러워한 즉 도에 나아가는 데 게으름이 없을 것이니라. 타인의 허물을 말하지 말라. 끝내 돌아와 나의 몸을 상하게 할 것이니라. 만약 타인을 해치는 말을 듣거든 마치 부모를 헐뜯는 말과 같이 여겨라. 오늘 아침에 비록 타인의 허물을 말했으나 다른 날에 머리를 돌려 나의 허물을 논할 것이니라. 무릇 있는 바의 상은 다 허망한 것이니 헐뜯음과 칭찬에 어찌 근심하고 어찌 기뻐하리오. 게송으로 말하노라.

　종일 어지러이 사람의 장단을 말하다가

　밤새 혼침하여 수면을 즐김이로다.

이와 같은 출가는 한갓 시은만 받음이라

반드시 삼계에서 벗어나기 어려우리라.

其九　勿說他人過失　雖聞善惡　心無動念　無德而被讚
기구　물설타인과실　수문선악　심무동념　무덕이피찬

實吾慚愧　有咎而蒙毁　誠我欣然　欣然則知過必改
실오참괴　유구이몽훼　성아흔연　흔연즉지과필개

慚愧則進道無怠　勿說他人過　終歸必損身　若聞害人
참괴즉진도무태　물설타인과　종귀필손신　약문해인

言　如毁父母聲　今朝　雖說他人過　異日　回頭論我咎
언　여훼부모성　금조　수설타인과　이일　회두논아구

雖然　凡所有相　皆是虛妄　譏毁讚譽　何憂何喜　頌曰
수연　범소유상　개시허망　기훼찬예　하우하희　송왈

終朝亂說人長短　竟夜昏沈樂睡眠
종조란설인장단　경야혼침락수면

如此出家徒受施　必於三界出頭難
여차출가도수시　필어삼계출두난

　자경문

수행자이기 이전에 세상을 살아가면서 우리가 명심하고 지켜 나간다면 큰 이익이 있는 말이다. 보통의 우리들은 누가 칭찬하거나 비난하는 말을 들으면 거기에 바로 반응한다. "칭찬은 고래도 춤추게 한다."는 말이 널리 쓰이는 것을 보면 칭찬이 얼마나 중요하고, 타인에게 비난 받기를 싫어하는지 알 수 있다. 그리고 타인이 자기의 허물을 말하거나 충고를 할 때 우리가 어떻게 반응하느냐에 따라 그 사람의 인생이 어떻게 변해 가는지 명확하게 설명하고 있다.

헐뜯는 말을 들을 때 기뻐하면 그것을 고치게 되고, 부끄러워하면 도에 나아가는 데 부끄럽지 않게 된다고 말하고, 또 칭찬 듣는 것을 부끄러워해야 한다고 말씀하셨다. 행하기는 어려워도 진실로 옳은 말씀이다.

쉼 없이 쏟아지는 칭찬이나 비난 속에서 자기 발전의 계기로 삼느냐 아니면 기분이 좋고 나쁜 것으로 끝나 버리느냐는 그 사람의 인생을 결정하는 데 과제다. 그리고 칭찬이나 비난을 『금강경』의 사구게처럼 '범소유상 개시허망凡所有相 皆是虛妄'이라고 분명히 인식하고 있을 때는 더 이상 말이 필요 없다. 말뿐만 아니라 모든 형상 있는 것은 다 허망한 것인데 귓가를 스쳐가는 말인들 말해 무엇 하겠는가.

그 허망한 것에 속아 칭찬을 들으면 기분이 좋아 하루를 즐겁게 허비해 버리고 비난을 들으면 나쁜 기분으로 하루를 허비해 버리니 얼마나 억울한 일이겠는가? 그래서 『법구경』에서도 칭찬과 비난에 대해 흔들리지 말 것을 강조하며 바위의 단단함에 비유하고 있다.

"단단한 바위가 바람에 움직이지 않듯이, 지혜로운 사람은 칭찬과 비난에 흔들리지 않는다."

칭찬과 비난에 흔들리는 마음 없이 단단해질 때 우리의 삶도 어떤 풍상에도 흔들림 없이 꿋꿋하게 앞으로 나아갈 수 있다.

그다음으로 말하고 있는 것이 남의 허물을 말하지 말라는 것이다. 우리는 보통 남의 비난에는 쉽게 흔들리면서, 남을 비난하는 데는 주저하지 않는 모습을 보일 때가 많다. 즉 요즘 말하는 '내로남불'이다. 타인과 경쟁자의 허물이 나를 위한 성장의 자양분이라도 되는 듯이 우리는 남의 허물을 이야기하는 소리를 들으면 귀를 기울이고 즐거워한다. 하늘을 향해 침을 뱉으면 자기에게 돌아오듯이 남의 허물을 이야기하면 언젠가 나에게로 돌아올 수 있음을 알아야 할 것이다.

단단한 바위가 바람에 움직이지 않듯이
지혜로운 사람은 칭찬과 비난에 흔들리지 않는다.

평등한 마음

열 번째는 대중 가운데 살 때는 마음을 항상 평등하게 가질 지어다. 사랑을 끊고 부모를 떠난 것은 법계가 평등하기 때문이니, 만약 친소가 있다면 마음이 평등하지 않은 것이다. 비록 출가했다 하더라도 무슨 덕이 있으리오. 마음속에 미워하고 사랑하여 취하고 버림이 없으면 몸에 어찌 괴롭고 즐거움의 성쇠가 있으리오. 평등한 성품 가운데는 피차가 없고 깨달음의 경지에는 친소가 끊어졌느니라. 삼악도에 들고나는 것은 미워하고 사랑하는 데 얽혀 있기 때문이요, 육도에 오르고 내리는 것은 친소의 업에 묶였기 때문이니라. 마음이 평등한 데 계합하면 본래 취하고 버림이 없음이니, 만약 취하고 버림이 없으면 생사가 어찌 있으리오. 게송으로 말하노라.

  무상의 보리도를 이루고자 한다면
  항상 중요하게 평등심을 가질지어다.

만약 친소나 미워하고 사랑함을 생각하면

도는 더욱 멀어지고 업이 더욱 깊어지리라.

其十　居衆中　心常平等　割愛辭親　法界平等　若有親
기십　거중중　심상평등　할애사친　법계평등　약유친

疎　心不平等　雖復出家　何德之有　心中　若無憎愛之
소　심불평등　수부출가　하덕지유　심중　약무증애지

取捨　身上　那有苦樂之盛衰　平等性中　無彼此　大圓
취사　신상　나유고락지성쇠　평등성중　무피차　대원

鏡上　絶親疎　三途出沒　憎愛所纏　六道昇降　親疎業
경상　절친소　삼도출몰　증애소전　육도승강　친소업

縛　契心平等　本無取捨　若無取捨　生死何有　頌曰
박　계심평등　본무취사　약무취사　생사하유　송왈

　　欲成無上菩提道　也要常懷平等心
　　욕성무상보리도　야요상회평등심

　　若有親疏憎愛計　道加遠兮業加深
　　약유친소증애게　도가원혜업가심

사람이 살다 보면 좋고 나쁨이 있어 즐겁기도 괴롭기도 하다. 특히 대중들이 모여서 생활하는 가운데는 그런 일이 더 많다. 스님들이 대중생활을 하면서 아침부터 저녁 잠자리에 들 때까지 함께 생활하다 보니 좋고 나쁨의 경우를 더 확연하게 느낄 수 있는 것이다. 사람이 살아가는 데는 친소를 끊기가 무척이나 어렵다고 할 수 있다. 항상 평등한 마음을 가지고 사람을 대하는 이들이 그만큼 귀하고 중요한 이유다. 부처님의 가르침을 믿고 따르는 사람들로서 온 중생에 두루 평등한 마음을 가지고 대해야 하는데 사람에게도 그렇지 못하니 딱할 노릇이다.

강원을 마치고 여러 수행처에서 살아가는 도반들도 그 친소에 따라 만남을 이어 가고 연락을 취하는 것은 중생으로서의 우리들의 모습이다. 그리고 사회에서도 친소에 따라 모임을 하기도 하고 또 가까운 친척끼리라도 만나지 않는 경우가 있으니 평등한 마음을 가진다는 것은 애초에 우리들 중생으로서는 어려운 것이 사실이다.

그러나 지극하게 자기에게 경책하는 말의 마지막에 이 평등심을 넣고 있는 것은 우리들의 삶의 모습이 친소에 의해서

가려지는 것을 스스로 막기 위한 것이다. 쉽게 기울어지는 것이 친소인데 그것을 평등한 마음으로 돌이켜서 많은 이들을 대하려면 그보다 더한 노력이 필요하기 때문이다.

『신심명』에서 "지극한 깨달음을 체득하는 일은 조금도 어렵지 않다. 단지 취사선택하고 간택하는 분별심만 없으면 된다[至道無難 唯嫌揀擇]."고 말한다. 쉬워 보이지만 이것이 가장 어려운 것이기 때문에 첫 구절에서 강조하고 있을 것이다. 『증도가』에서도 "거짓을 버리고 진실을 찾으려고 한다면 취사분별하는 마음이 깨달음의 장애가 된다. 이러한 사실을 알지 못하고 수행한다면 도적을 아들이라고 착각하는 것과 같다."고 설하고 있는 것을 볼 수 있다. 『유마경』「제자품」에서는 유마힐이 수보리의 발우에 밥을 가득 담아 주면서 "일체의 모든 것에 평등한 마음을 갖는다면 공양할 수 있다."는 내용을 볼 수 있다.

이렇듯 많은 경전에서도 우리가 탐·진·치 삼독심을 버리려면 먼저 평등한 마음을 가지는 것부터 시작해야 함을 설하고 있다. 차별, 분별심과 시기, 질투의 마음으로 살아가는 나 같은 중생의 업을 바꾸기 위한 노력으로 마음을 평등하게 가지는 연습을 쉬지 않고 노력해 나가야겠다.

사람 몸 받기 어렵고
부처님 법 만나기 어렵다

주인공아, 네가 사람으로 태어난 것이 당연히 눈먼 거북이가 구멍 뚫린 나무토막을 만난 것과 같거늘, 일생이 얼마기에 수행하지 않고 게으른가. 사람으로 태어나기 어렵고 불법佛法 만나기 어려움이라. 이 생에서 잃어버리면 만겁에 만나기 어려우니, 반드시 열 가지 계법을 지녀서 날로 부지런히 수행하여 물러나지 않고 속히 정각을 이루어 중생을 제도해야 할 것이다. 나의 본래의 원은 네가 홀로 생사 대해를 벗어나는 것을 말하는 것이 아니고 또한 이에 널리 중생을 위하라는 것이다. 왜 그런가 하면 네가 무시이래로 금생에 이르기까지 항상 사생을 만나 자주자주 왕환한 것이 다 부모에 의지하여 출몰했음이니라. 그런 연고로 오랜 겁의 부모가 무량무변하니 이렇게 보면 육도의 중생이 너의 다생부모가 아닌 이가 없음이라. 이러한 중생이 모두 악취에 빠져서 밤낮으로 큰 고뇌를 받고 있나니, 만약 건져 내어 구제하지 못한다면 어느 때 벗어나리오. 슬프고 슬퍼 가슴이 찢어짐이로다. 너에게 바라노니, 큰 지혜를 빨리 밝혀 신통의 힘과 자재한 방편의 힘을 갖추고, 속히 거친 파도에 지혜의 노를 젓는 사람이 되어 욕망의 언덕에서 헤매는 미혹한 중생을 널리 제도할지어다.

主人公 汝値人道 當如盲龜遇木 一生 幾何 不修懈
주인공 여치인도 당여맹구우목 일생 기하 불수해

怠 人生難得 佛法難逢 此生 失却 萬劫 難遇 須持
태 인생난득 불법난봉 차생 실각 만겁 난우 수지

十門之戒法 日新勤修而不退 速成正覺 還度衆生
십문지계법 일신근수이불퇴 속성정각 환도중생

我之本願 非謂汝獨出生死大海 亦乃普爲衆生也 何以
아지본원 비위여독출생사대해 역내보위중생야 하이

故 汝自無始以來 至于今生 恒値四生 數數往還 皆
고 여자무시이래 지우금생 항치사생 삭삭왕환 개

依父母而出沒也 故 曠劫父母 無量無邊 由是觀之
의부모이출몰야 고 광겁부모 무량무변 유시관지

六道衆生 無非是汝 多生父母 如是等類 咸沒惡趣
육도중생 무비시여 다생부모 여시등류 함몰악취

日夜 受大苦惱 若不拯濟 何時出離 嗚呼哀哉 痛纏
일야 수대고뇌 약불증제 하시출리 오호애재 통전

心腑 千萬望汝 早早發明大智 具足神通之力 自在方
심부 천만망여 조조발명대지 구족신통지력 자재방

便之權 速爲洪濤之智楫 廣度欲岸之迷倫
편지권 속위홍도지지즙 광도욕안지미륜

자경문

맹구우목盲龜遇木의 비유를 들어 인간으로 태어나기 어려움을 말하고 있다. 이는『잡아함경』에 나오는 이야기로 눈먼 거북이가 망망대해에서 가라앉고 떠오르기를 반복해도 구멍 뚫린 나무를 만나 편안해지기 어려움을 비유하는 내용이다.

사람 몸을 받기 어렵고 사람 몸을 받았더라도 부처님 법을 만나기 어렵다는 것을 말하고 있다. '인생난득人身難得 불법난봉佛法難逢.' 예전엔 전혀 느끼지 못했지만 살아온 날보다 살아갈 날이 현저하게 줄어들고 있는 세월 앞에서 다시 사람으로 태어날 수 있을 것인가를 생각해 보고는 삶에 대한 후회를 할 때가 많아지고 있다.

윤회의 이론에 의하면 사람 몸을 받았을 때만이 자유 의지로 선업과 악업을 짓는다고 한다. 여타의 오도가 업을 소비한다면 적극적으로 선업도 악업도 지을 수 있는 것이 인간의 길밖에 없다고 하니 사람 몸 받았을 때 악업을 짓는다면 악도에 떨어지는 것은 분명하다. 삼악도의 고통도 크겠지만, 간혹 짐승의 고통을 보면서 우리는 저 길에는 떨어지지 말아야 한다는 생각이 든다.

산속에 살다 보니 여러 짐승들을 만나게 된다. 그렇게 산이 깊지 않고 사람이 많이 다녀도 밤만 되면 절 주변은 짐승에게 내어 줘야 하는 처지가 된다. 작은 밭에 배추, 무 등을 심어 놓고 정성껏 길렀는데, 제법 자라고 나니 밤마다 멧돼지의 습격을 받게 되는 상황을 맞이했다. 그나마 한 마리 있던 개는 멧돼지의 습격에 집이 부서지자 마을로 도망가 버렸다. 119에 신고했더니 멧돼지는 유해조수라 바로 사살해 버린다고 한다. 짐승의 길이란 이처럼 비참하다. 사람 몸 버리기 전에 좀 더한 수행을 해 나가지 않으면 나의 운명도 저렇게 떠돌다 가지 않겠는가. 인간으로 태어났을 때 게으르지 말고 열심히 노력하고 수행 정진하겠다는 스스로의 의지를 담은 경책의 글 앞에서 숙연해진다.

자경문

우리의 본분은 수행

그대는 보지 못했는가? 역대 모든 부처님과 조사 스님들이 다 옛날에 우리와 같은 범부였음을! 저들은 이미 장부라 너 역시 그러하니 다만 하려고 하지 않을 뿐 능히 할 수 없는 것은 아니니라. 고로 말하기를 "도가 사람을 멀리하는 것이 아니라, 사람이 스스로 멀어진다." 하였으며, 또 이르기를 "내가 어질고자 하면 이 인仁이 이른다."고 하였으니, 이 말은 진실로 옳다고 할 수 있다. 만약 능히 신심에서 물러나지 않는다면 누가 성품을 깨닫고 성불하지 못하겠는가? 내 이제 삼보를 증명으로 하여 일일이 그대가 경계하게 하노니 그럼을 알고도 고의로 범하면 산 채로 지옥에 떨어질 것이라. 가히 삼가지 않을 수 있으며 삼가지 않을 수 있겠는가! 게송으로 말하노라.

옥토끼 달 오르내려 늙은 모양 재촉하고
금까마귀 해 출몰하며 세월을 재촉함이로다.
명예와 이익 구함은 아침 이슬과 같음이요

괴로움과 영화는 저녁 연기와 같음이로다.

그대에게 은근히 선도 닦기를 권하노니

속히 불과를 이루어 미혹한 중생 제도할지어다.

금생에 만약 이 말을 따르지 않으면

후세에 당연히 한탄만 가득하리라.

君不見 從上諸佛諸祖 盡是昔日 同我凡夫 彼旣丈夫
군 불 견　종 상 제 불 제 조　진 시 석 일　동 아 범 부　피 기 장 부

汝亦爾 但不爲也 非不能也 古曰道不遠人 人自遠矣
여 역 이　단 불 위 야　비 불 능 야　고 왈 도 불 원 인　인 자 원 의

又云我欲仁 斯仁 至矣 誠哉 是言也 若能信心不退
우 운 아 욕 인　사 인　지 의　성 재　시 언 야　약 능 신 심 불 퇴

則誰不見性成佛 我今 證明三寶 一一戒汝 知非故犯
즉 수 불 견 성 성 불　아 금　증 명 삼 보　일 일 계 여　지 비 고 범

則生陷地獄 可不愼歟 可不愼歟 頌曰
즉 생 함 지 옥　가 불 신 여　가 불 신 여　송 왈

玉兔昇沈催老像 金烏出沒促年光
옥 토 승 침 최 로 상　금 오 출 몰 촉 년 광

求名求利如朝露 或苦或榮似夕烟
구 명 구 리 여 조 로　혹 고 혹 영 사 석 연

勸汝慇懃修善道 速成佛果濟迷倫
권 여 은 근 수 선 도　속 성 불 과 제 미 륜

今生若不從斯語 後世當然恨萬端
금 생 약 불 종 사 어　후 생 당 연 한 만 단

선사들의 말 중에 조도鳥道라는 말이 있다. 새가 어디에도 걸리지 않고 허공을 자유롭게 날아가는 것을 말하는데 여기에는 어떤 정해진 길이 설정되어 있지도 않고 자유자재한 모습과 어떤 흔적도 남기지 않는 삶의 모습을 말한다. 그러나 우리는 자유롭게 날 수 없을 뿐만 아니라 언제나 후회나 흔적을 남기는 삶을 살고 있지 않은가. 자유로우며, 후회나 한을 남기지 않으려면 수행이라는 본분에 충실하는 길밖에 없다. 그렇게 함으로써 범부의 지위를 벗어나 자유로울 수도 있고 또는 그렇지 못한 경우도 있을 수 있지만, 우리의 본분은 수행임을 간곡하게 스스로에게 말하고 있는 내용이다.

공자가 말한 인仁을 예로 들어서 도道를 말하고 있는 부분은 참 인상적이다. 하지 않을 뿐이지 능히 할 수 없는 것은 아니라는 말은 스스로나 후학들에게 용기를 불어넣는 말씀이다. 그리고 모든 조사 스님과 부처님도 도를 이루기 전에는 범부였다는 것을 말해 줌으로써 우리들에게 함께 조사나 부처의 길로 나아가면 반드시 범부를 벗어나 성인의 길로 들어설 수 있음을 확실하게 말씀하고 계신 것이다.

우리가 가질 수 있는 퇴굴심을 경계하는 지극한 말씀이다. 거의 대부분의 사람들이 도를 멀리 있는 것으로 여기는 마음이 강하고 특별한 사람만이 이룰 수 있는 것으로 보기 때문이다. 그냥 이렇게 나쁜 일 좀 덜하고 사는 게 나의 임무인 양 하루하루 살아가는 내게 이 말씀은 다시 용기를 주고 차가운 바람이 불더라도 길에 나서라고 독려하고 있는 듯하다. 머리를 깎고 중이 되어 수행의 문에 들어섰다고 하지만 살림살이에 바빠서 자기를 돌아볼 겨를도 없이 살아온 요즘 생활을 반성하고 새롭게 길을 나서게끔 등을 떠밀고 다독여 주는 말씀 같다.

새로운 해가 시작되면 항상 새로운 결심을 하고는 하는데 다들 능히 할 수 없는 것이 아니라, 하지 않기 때문에 그 소기의 목적을 이루지 못하는 경우가 많다. 그러나 능히 할 수 있으며 앞의 조사 스님들이, 부처님들이 좋은 길잡이가 되어 주시는 데야 머뭇거려서도 안 될 것이다.

결론적으로 수행해 나아가는 길밖에 없음을 강조하면서 스스로 경책하는 글을 마무리한다. 도에 나아가라는 스스로의 경책이 머리를 깎고 살아가는 사람으로서 주의하고 경청하고 사유하고 실천하기 위해 노력해야 하지 않을까.

자경문

〈참고문헌〉

1 『상윳타 니카야』 35:28, 연소燃燒

2 『열반경』 권23

3 『임제어록』_ 성본

쉽게 풀어 쓴 초발심자경문

초판 1쇄 발행   2022년 4월 18일

지은이   양관
펴낸이   오세룡

편집   손미숙 박성화 전태영 유지민
기획   곽은영 최은영 김희재 진달래
디자인   김효선 고혜정
홍보 · 마케팅 이주하

펴낸곳   담앤북스
주소   서울특별시 종로구 새문안로3길 23 경희궁의아침 4단지 805호
전화   02)765-1250(편집부) 02)765-1251(영업부) **전송** 02)764-1251
전자우편 damnbooks@hanmail.net
출판등록   제300-2011-115호

ISBN 979-11-6201-355-7 03220

정가 15,000원